列宁经典著作解读

主　　编　闫　玉
副 主 编　孔德生　王雪军
本册作者　王明智

中华工商联合出版社

图书在版编目（CIP）数据

列宁经典著作解读 / 王明智编著. --北京：中华
工商联合出版社，2014.3
（马列主义知识读本）
ISBN 978-7-5158-0856-7

Ⅰ．①列… Ⅱ．①王… Ⅲ．①列宁著作研究 Ⅳ.
①A821

中国版本图书馆 CIP 数据核字（2014）第 036005 号

列宁经典著作解读

作　　者：	王明智
出 品 人：	徐　潜
策划编辑：	魏鸿鸣
责任编辑：	林　立
封面设计：	徐　超
责任审读：	李　征
责任印制：	迈致红
出版发行：	中华工商联合出版社有限责任公司
印　　刷：	固安县云鼎印刷有限公司
版　　次：	2014 年 4 月第 1 版
印　　次：	2021 年 10 月第 2 次印刷
开　　本：	155mm×220mm　1/16
字　　数：	106 千字
印　　张：	11.25
书　　号：	ISBN 978-7-5158-0856-7
定　　价：	38.00 元

服务热线：010－53301130
销售热线：010－58302813
地址邮编：北京市西城区西环广场 A 座
19－20 层，100044
http://www.chgslcbs.cn
E-mail：cicap1202@sina.com（营销中心）
E-mail：gslzbs@sina.com（总编室）

工商联版图书
版权所有　侵权必究

凡本社图书出现印装质量
问题，请与印务部联系。

联系电话：010－58302915

目 录 *Contents*

001

《农民生活中新的经济变动》

　　全文约 3.78 万字。列宁写于 1893 年，1923 年初次发表。这是至今发现的最早的列宁的文章。

　　1891 年，俄国经济学家和统计学家弗·叶·波斯特尼柯夫发表了《南俄农民经济》一书，该书极为详尽周密地描述了南俄三省农民经济，并采用了分类考察而不是依据平均数的正确研究方法，但该书作者忽视了农民经济的一切变动都是在资本主义商品经济的总背景下发生的。列宁写的这篇文章是对波斯特尼柯夫著作的评论，也是为了批判民粹派的村社可以作为社会主义基础的观点。

　　列宁指出，在富裕农民添置建筑物、机器和土地的现象中，已经包含着剥削因素：富裕农民既租进远远超过需要的土地，也就夺取了贫苦农民生产食物所需的土地；他们既扩大经营规模，也就需要追加劳动力，也就需要雇佣工人。列宁指出，波斯特尼柯夫的关于劳动生产率随着经营规模的扩大而提高的结论的确具有很大意义，但关于这一规律使小农业失去其经济意义的观点却不正确。列宁指出，要证明小经济必然为大经济所排挤，只确定大经济获利较多是不够的，还必须确定商品经济能压倒自然经济，因为在自然经济的条件下，产品是供生产者自己消费而不进入市场，低廉的产品不会在市场上同昂贵的产品相遇，因此也就不可能排挤它。

在农户的收入与市场的关系问题上，波斯特尼柯夫只谈到了农户的商业面积对于国家的意义，但列宁指出，还必须从整个经济中划分出它的市场面积，这是很重要的。对于国内市场有意义的决不是生产者的全部收入，而只是他的货币收入。是否拥有货币绝不是由生产者的富裕程度决定的：从自己那块土地上得到足够自己消费的产品而从事自然经济的农民，是享受到富裕生活的农民，但是他没有货币；相反，半破产的、生活不富裕的农民，却有货币。所以，任何关于农民经济及其收入对于市场的意义的论断，如果不是以计算货币收入部分作依据，那是不会有丝毫价值的。

列宁指出，波斯特尼柯夫的资料表明，各类农民的农业经营同市场的关系是极不相同的，这也使农民分裂为不同类别：上等户使用雇工来耕种，下等户必须提供大量外出谋生的劳动力；租进变穷了的那类居民的份地，雇用不再自己种地的农民当雇农，这已经不只是悬殊，而是直接的剥削。因此，不能只按财产状况把农民分为几个阶层，而应当看到农民质的区别，而波斯特尼柯夫对此没有给以足够重视。

　　波斯特尼柯夫的另一大缺点是没有提出下等户农民的经营性质问题，列宁对此指出，虽然多数农民也有小块播种面积，但他们的生活资料的主要来源还是出卖自己的劳动力，所有这类农民，更像是雇佣工人，而不像是耕作者业主。列宁指出，生产资料大大超过中等农民，因此具有更高劳动生产率的富裕农民，是全区农产品主要的、压倒其余两类的生产者，按其性质上说，这类农民的经营是商业性的，在很大程度上是建立在剥削雇佣劳动上的。既然承认各个农户之间不仅有量的差别，而且有质的差别，那就必须把农民不是按"富裕程度"而是按经营的社会经济性质分类。

　　在谈到农村中进行的斗争时，波斯特尼柯夫认为，这种斗争在将来决不会促进村社原则和协调原则的发展，这种斗争不是村社传统和个人主义之间的斗争，而是纯粹的经济利益的斗争，由于缺少土地，这种斗争必然以一部分居民的不幸结局而告终，经济上的一切弱者不管怎样迟早总是要被抛出农民耕作业之外的。列宁指出，这些意见及其对问题的正确解答，并与农民分化的现象完全吻合，但还必须进一步与商品经济的发展联系起来。列宁指出，一方面，如果农民认为把自己的播种面积扩大到远远超过自己对粮食的需要是有利的事，那是因为他可以出卖自己的产品。另一方面，如果农民认为放弃经营去当雇农是有利的事，必须出卖点什么；而既然他在出卖自己的产品时，在市场上碰到了他无力与之竞争的对手，那他就只能出卖自己的劳动力。

　　总之，供出售的产品的生产是上述现象滋长的基础。农民中产生经济利益斗争的主要原因就在于存在着一种使市场成为社会生产的调节者的制度。

——《列宁全集》第 1 卷第 1～55 页

《论所谓市场问题》

全文约 3 万字。列宁写于 1893 年。

市场问题是当时俄国马克思主义者与自由主义民粹派论争的重要问题之一。当时流行的民粹派的观点认为，由于人民大众贫穷化，市场有完全停闭的趋势，资本主义不可能充分发展，并由此得出资本主义在俄国是一种软弱无力、没有根基、不能囊括国内全部生产、不能成为俄国社会经济基础的东西，没有市场，这是俄国民粹派经常提出来反对马克思主义者、否认马克思的理论适用于俄国的最主要的论据之一。列宁写的这篇文章是为了驳斥民粹派的这一论据。

列宁在文中运用马克思的《资本论》中关于社会总资本再生产过程中两大部类交换的公式，指出从马克思的公式中得出的唯一正确的结论是，在资本主义社会中，生产资料生产的增长比消费资料的生产增长得快，这个结论是直接根据"资本主义生产创造了以往各个时代无法比拟的高度发展的技术"这一原理而得出的。这就纠正了当时《市场问题》一文的作者格·勃·克拉辛在论述马克思这一公式时的错误，即资本主义积累不依赖任何直接生产者，不依赖任何居民阶层的个人消费，社会生产将在消费资料生产完全停滞的情况下，单纯依靠制造生产资料的生产资料来增长。

列宁还指出，仅弄清一般资本主义是如何发展的，这丝毫不能解决俄国资本主义发展的"可能性"（和必然性）的问题。而克拉辛正是从抽象的原则出发，在批判民粹派的观点时，却又得出了与民粹派完全一致的结论。

列宁在详细分析了自然经济转化为资本主义经济的各个阶段后指出，"市场"这一概念和社会分工（即马克思所说的任何商品生产，因而也是资本主义生产的共同基础）这一概念是完全分不开的。哪里有社会分工和商品生产，哪里就有"市场"，社会分工和商品生产发展到什么程度，"市场"就发展到什么程度。

市场量和社会劳动专业化的程度有不可分割的联系。列宁还指出，这一论点丝毫也不否定资本主义国家没有国外市场就不能生存的论点。在资本主义生产条件下，生产和消费的平衡只有经过一系列的波动才能达到，生产规模越大，它所依靠的消费者范围越广，这些波动也就越厉害。因此很明显，当资产阶级的生产达到很高的发展程度时，它就不可能局限于本国的范围：竞争迫使资本家不断扩大生产并为自己找寻大量推销产品的国外市场。资本主义国家必须有国外市场，显然丝毫不违背下述这个规律，即市场不过是商品经济中社会分工的表现，因而它也和分工一样能够无止境地发展。

列宁指出，"人民大众的贫穷化"（这是民粹派所有关于市场的议论的不可或缺的组成部分）不仅不阻碍资本主义的发展，相反，它本身就反映了资本主义的发展，是资本主义的条件并且在加强资本主义。资本主义需要"自由工人"，而贫穷化也就在于小生产者变为雇佣工人。大众变穷而少数剥削者发财，小企业破产和衰落而较大的企业加强和发展，这两个过程都促进市场的扩大：从前靠自己的经济过活的"变穷了的"农民，现在靠"外水"即靠出卖劳动力过活，现在他不得不购买必需的消费品；另一方面，这种农民所丧失的生产资料则集中到少数人手里，变成资本，所生产出来的产品也就进入市场。

只有用这一点才可以说明，农民在改革后时代遭受大量剥夺的结果，不是缩小而是增加了全国总生产量和扩大了国内市场。这一结论丝毫也不否认马克思指出的资本主义生产方式中的矛盾：工人作为商品的买者，对市场来说是重要的，但他们作为劳动力的卖者，资本主义社会的趋势是把它的价格限制在最低限度。只有资本主义生产方式本身消灭了，这个矛盾才能消灭。但民粹派把这个矛盾看作阻碍俄国资本主义充分发展的东西是十分荒谬的。同时，在讨论资本主义发展和市场扩大的关系时，也不能忽略一个毋庸置疑的真理，即资本主义的发展必然引起全体居民和工人无产阶级需要水平的增长。这是由于产品交换的频繁，也是由于工人无产阶级的密集造成的，这种密集提高着这个阶级的觉悟程度和人的尊严感，使他们有可能同资本主义制度的掠夺趋向作有效的斗争。

列宁在批驳民粹派否定资本主义发展的观点时还指出，没有本领解释资本主义，耽于空想而不愿研究和弄清现实，结果必然否定资本主义的意义和力量。就好像资本主义是一个身患绝症的患者，无从汲取发展的力量。即使我们说这个患者能靠"制造生产资料的生产资料"的生产来发展，那也只能使他的病况得到微不足道的几乎觉察不出的好转。为此就需要发展资本主义的技术，而"我们看到"的恰恰是没有这种发展。这就需要使资本主义囊括全国，而民粹派却说"资本主义绝不能普遍地发展起来"。其实，无论资本主义的发展或人民的贫穷化都不是偶然的。这是以社会分工为基础的商品经济发展的必然伴侣。市场不过是这种分工和商品生产的表现。

资本主义的发展已经不仅是可能的，而且是必然的，因为社会经济既然已建立在分工和产品的商品形式的基础上，技术进步就不能不引起资本主义的加强和深入。列宁指出，在俄国当前社会经济中的占主要地位的现象正是小生产者的分化，正是商品经济把俄国"村社"农民也分化为资产阶级和无产阶级。小生产者的这两种截然相反的趋向，清楚地表明资本主义和大众的贫穷化不仅不互相排斥，反而相互制约，并且无可辩驳地证明，资本主义现时已经是俄国经济生活的基本背景。因此，说"市场问题"的答案就在于农民分化这一事实中，并不是什么奇谈怪论，相反，只有民粹派的议论才是荒谬的。

——《列宁全集》第 1 卷第 56～101 页

《哲学笔记》

　　该书汇集了列宁 1895～1916 年所写的有关哲学的读书摘要、评注、札记和短文，主要包括 1895 年对马克思、恩格斯的《神圣家族》和 1909 年对费尔巴哈的《宗教本质讲演录》两书的摘要；1914～1916 年的笔记，包括对黑格尔的《逻辑学》、《哲学史讲演录》等著作的摘要，以及列宁的《黑格尔辩证法（逻辑学）纲要》、《辩证法的要素》，1915 年《谈谈辩证法问题》等提纲和短文。

　　这部著作以辩证法思想为中心，同时涉及认识论、逻辑、历史唯物主义、哲学史和自然科学哲学等方面的问题，内容极为丰富。他认为，辩证法作为关于客观世界的一般规律的科学，它是世界观；作为人类认识史的总计、总结和关于人类认识的发展规律的科学，它是认识论；而作为关于人们借以进行正确思维的规律和方法的科学，它是逻辑学（也是方法论）。

唯物辩证法就是这样三位一体的科学，它的体系应当是这个三者同一的体系。

列宁对唯物辩证法的规律和范畴进行深入细致的探索，其中最突出的就是对立统一规律，即矛盾规律。他把统一和斗争看作矛盾关系的主要内容，并指出统一是相对的，斗争是绝对的，一切事物都是在其内部对立面的统一和斗争的推动下运动、变化和发展的。

此外，列宁对存在与无、有限与无限、质与量、本质与现象、原因与结果、否定之否定等规律和范畴都有较多的论述，提出了许多新的见解。明确提出，对立面的统一是辩证法的实质。列宁对于认识过程的辩证法还进行了专门的探索，进一步丰富了马克思主义的认识论。他对实践概念作了明确规定，他进一步考察了存在与思维、实践与认识、感性与理性、归纳与演绎、分析与综合、真理与谬误、绝对真理和相对真理、目的与手段等一系列认识的辩证法问题，展现了认识辩证法的丰富内容。

列宁提出的辩证法要素 16 条，是体现他的辩证体系的一个雏形。列宁在论述辩证法的同时，在历史观、自然科学哲学、哲学史等方面还提出不少创造性的见解。

——《列宁全集》第 55 卷第 335 页

《俄国社会民主党人的任务》

全文约 1.26 万字。列宁写于 1897 年。

19 世纪 90 年代末期，俄国的社会民主党人在理论的主要及其基本方面，已经度过了最紧张的时期，已经被充分阐明。但在实践方面，在党的政治纲领、活动方法和斗争策略上，还存在许多问题。列宁为了解决这个问题，写下此书。

列宁指出，党领导的无产阶级的阶级斗争表现为社会主义反对资产阶级的斗争和民主主义的反对专制争取政治自由和民主的斗争，并始终坚持社会主义任务与民主主义任务的不可分割的联系，社会主义的斗争就是在工人中间进行科学社会主义的宣传和鼓动工作，使无产阶级作为一个统一的阶级进行反对资本主义的阶级斗争。只有科学社会主义才是革命理论，才能作为革命运动的旗帜，而工业无产阶级、城市工人和无产阶级的先进阶层最能接受科学社会主义。党也要支持其他在无产阶级中进行工作的革命者，但不能而且不应当在理论、纲领和旗帜上实行妥协或让步。党还要在工人中宣传民主主义思想，使工人认识推翻专制制度的必要性。党努力把工人的政治鼓动和经济鼓动结合起来，这都是发展工人的阶级斗争所必需的，任何阶级斗争都是政治斗争。

社会主义的和民主主义的工作是完全并行的，但二者也有重大差别：在经济斗争中，无产阶级是完全孤立的，至多只能得到小资产阶级中趋向于无产阶级分子的帮助；而在民主主义的政治斗争中，工人阶级并不孤立，它支持一切反对专制的、与无产阶级站在一起的资产阶级、小资产阶级、有教养的阶级和其他分子，支持一切被压迫的民族、宗教、等级的和其他反对现存任何社会制度的革命运动，但这种支持并不要求作任何纲领和原则的妥协，要始终坚持无产阶级的阶级独立性，因为只有工人阶级才是最彻底的反对专制和争取政治自由和民主制度的先进战士，其他的阶级都会动摇、妥协或背叛革命。

列宁还特别指出，官僚是专干行政事务并在人民面前处于特权地位的特殊阶层，是资产阶级社会不可或缺的机关，是与俄国的落后性及其专制制度相适应的，使人民在官吏面前完全无权，特权官僚完全不受监督。但除了无产阶级外没有一个阶层会允许官吏机构完全民主化，因为它们都与官吏有联系，虽然它们也反对专权独断的官吏，但只有无产阶级才绝对敌视官吏，才与官吏机关没有任何联系，才能从根本上敌视并坚决反对官吏。

列宁还驳斥了民意党人对社会民主党的攻击，批判了民意党人把政治斗争等同于政治密谋的策略，指出社会民主党人坚持政治斗争，但认为这种斗争不应当由密谋家而应当由依靠工人运动的革命党来进行。列宁还批驳了民意党人把重大的理论问题作为"细节"的论点，指出"没有革命的理论，就不会有革命的运动"是一个无须证明的真理。

——《列宁全集》第 2 卷第 426～445 页

《俄国资本主义的发展》

列宁 19 世纪 90 年代论述俄国资本主义产生和形成的必然性及其形式的经济著作。

19 世纪 90 年代，俄国自由民粹派的主要代表人物宣称，资本主义在俄国的产生纯粹是一种"偶然"的现象，否认俄国农村公社经济中的阶级分化，声称手工业与资本主义工厂是完全对立的；断言俄国由于找不到国内外市场推销商品，所以俄国资本主义的发展是没有根基的，并且必然衰亡。他们把农村公社说成是"社会主义"的"胚胎"和"基础"，期望通过农村公社达到"社会主义"。他们由否认俄国资本主义的发展，进而否认俄国工人阶级的领导作用。

列宁写作《俄国资本主义的发展》就是为了从经济学上彻底批判自由民粹主义、论证俄国资本主义的发展过程，为在俄国传播马克思主义扫清思想障碍。全书共八章。

第一章《民粹派经济学家的理论错误》是全书的理论部分，批驳了民粹派在国内市场形成方面的观点及其渊源资产阶级经济学，阐明了关于俄国资本主义发展的若干基本原理。第二章《农民的分化》，研究俄国农村公社中农民的阶级分化情况及其特征。第三章《地主从徭役经济到资本主义经济的过渡》，考察俄国地主经济向资本主义经济演进的特点及其途径。第四章《商业性农业的发展》，论述谷物、畜牧及经济作物等的商品生产专门化发展和农产品加工业的形式和特点。第二、第三、第四章从不同侧面研究俄国 1861 年的农奴制改革后，农业资本主义演进的道路及其特征。第五章考察工业中资本主义的最初阶段。第六章论述资本主义工场手工业和资本主义家庭劳动。第七章研究机器大工业的发展。第八章《国内市场的形成》，阐述了上述经济过程之间的内在联系。

列宁在驳斥民粹派的实现论的同时，着重阐明了关于俄国资本主义国内市场形成的基本原理。民粹派否认社会分工是商品经济的基础，不了解市场的概念，断言俄国资本主义的发展是"人为"的。列宁认为，社会分工是商品经济和资本主义发展的基础，它在俄国具体表现在下列几个方面：①直接生产者与生产资料的分离，商业性农业专业化的发展；②工场手工业与农业的分离，加工工业与采掘工业的分离；③新的工业中心和新兴城市的出现，工业人口的增长和农业人口的减少。

社会分工加速了商品交换的发展和俄国资本主义国内市场的形成。列宁指出，民粹派由于信奉"斯密教条"，而忽视了不变资本价值的实现，同时又以西斯蒙第的消费不足论来考察农民和小生产者的分化过程，所以，断言国内市场会日益缩小。列宁还驳斥了"合法马克思主义者"曲解马克思的实现论的错误观点。

列宁指出，19世纪末，俄国资本主义的农业有了长足的发展，俄国农村已经处于商品经济的环境中，已表现出商品经济和资本主义所固有的矛盾和竞争的特征。生产资料集中到少数人手里，而大多数人被抛入到无产阶级队伍中并受到商业资本的盘剥。在土地买卖、租种以及改进农业技术等方面，都带有资本主义制度所固有的矛盾和性质。因此，俄国农村公社农民经济并不像民粹派所宣扬的那样是资本主义的敌对者，而是资本主义发展的最深厚和最牢固的基础。

农民的分化意味着旧的家长制农民的解体和新型农民的形成，列宁把这种新型农民划分为三个阶层：①富农，即农村资产阶级，包括各种形式的商业性农业的经营者和农场主。他们只占农村人口的少数，但在土地和生产资料方面却占据优势。②农业雇佣工人，即农村无产阶级，包括农业中的雇农、日工、粗工、建筑工人和其他工人，在农村人口中约占1/2，他们除了靠出卖劳动力之外，还占有一小块土地。③中农，他们在经济上处于极不稳定的状态，其社会政治倾向是摇摆于富农和农业工人之间。

列宁还探讨了俄国地主经济的基本特点，以及它在农奴制改革后向资本主义农业演进的过程和规律，及俄国资本主义工业发展的形式、阶段和规律。

　　为了驳斥民粹派的观点，列宁首先从家庭工业与手工业出发分析资本主义工业发展的最初形式和阶段。他指出，手工业是从家长制农业中分离出来的工业的第一种形式。随着商品经济的发展和市场的扩大，部分商人开始建立较大的手工作坊，实际上已把家庭手工业者变为为资本家生产的雇佣工人，就其性质而言，它属于资本主义简单协作形式。其次，列宁考察了资本主义工场手工业和资本主义的家庭劳动在国民经济各部门中的形式和意义。工场手工业是以分工为基础的协作，是手工业和带有原始资本形式的小商品生产与机器大工业之间的中间环节，在资本主义的工业发展中具有重要的作用。最后，列宁论证了机器大工业是资本主义工业发展的高级阶段，其基本标志是在生产中使用机器体系。

　　列宁认为，俄国资本主义工业的发展同样经历了三个阶段：资本主义的简单协作；资本主义的工场手工业；工厂（机器大工业）。机器大工业的发展创立了巨大的国内市场，为社会主义革命准备了物质前提。

　　《俄国资本主义的发展》一书，不仅捍卫了马克思主义的经济学说，而且根据《资本论》的基本原理，结合俄国的社会经济情况发挥和补充了马克思主义经济学说的许多极为重要的原理；它从思想上彻底粉碎了民粹派的经济理论，同时又揭露了"合法马克思主义者"的资产阶级本质，从而为在俄国传播马克思主义和建立工人阶级政党扫清了道路；书中指出了俄国资产阶级民主革命的性质、对象、动力、同盟军以及发展前途等问题，为制定俄国社会民主党的纲领和策略奠定了理论基础。

——《列宁全集》第 3 卷第 1～562 页

《俄国社会民主党人抗议书》

全文约 8000 字。列宁写于 1899 年 8 月。

19 世纪末，经济主义思潮在俄国社会民主党内占据了优势地位。经济派主张以经济斗争为党的主要斗争方式，以合法方式夺取政权，推崇伯恩施坦主义和其他改良主义，造成俄国社会民主党内的思想混乱和组织涣散。1899 年，列宁在流放地收到"合法马克思主义者"库斯柯娃和普罗柯波维奇写的名为《信条》的宣言。宣言反映了经济派的观点，主张回避政治斗争，反对建立独立的工人阶级政党，认为马克思主义已经过时，建议政治上承认其他阶级和阶层的作用。

列宁起草了《俄国社会民主党人抗议书》作为答复，并组织了 17 名同在流放地的社会党人进行了讨论并签名。

列宁在文中指出：《信条》作者认为西欧工人阶级从未参加过争取政治自由的斗争和政治革命是不符合事实的，其对工人运动的现状和作为这个运动的旗帜的马克思主义理论的见解也是不正确的。列宁指出，无产阶级的政治斗争和经济斗争结合成为一个不可分割的整体，是马克思主义的一贯立场。无产阶级的阶级斗争是政治斗争和经济斗争的结合。工会是无产阶级为自身解放而斗争的一个不可缺少的武器。但是无产阶级在反对资产阶级的斗争中主要的和有决定意义的政党是工人阶级的独立政党。

工人政党的任务主要是夺取政权来组织社会主义社会。政治斗争是无产阶级最重要的任务之一。放弃政治斗争，把它交给资产阶级，就等于叫社会民主主义自杀。社会民主党的基本目的是"组织一个同无产阶级阶级斗争密切联系的，以争取政治自由为当前任务的独立的工人政党"。

革命的社会民主党人应该领导一切不满沙皇制度的人的斗争，首先是农民，应该支持一切反对现存制度的革命运动，并保护被压迫民族。但是，社会民主党在任何情况下都不能放弃政治斗争的领导权。列宁认为，工人阶级的秘密组织对于胜利地反对专制制度的斗争是必要的。列宁号召俄国社会民主党人和广大工人对经济派保持警惕并站在革命的立场上。

——《列宁全集》第 5 卷第 144~156 页

《谈谈罢工》

全文约 5000 字。列宁写于 1899 年。

19 世纪末，工人运动在俄国得到广泛开展，罢工成为工人与沙皇政府和资产阶级斗争的主要手段之一。如何看待正在兴起的工人运动和罢工浪潮及社会民主党对此应持的立场，俄国社会民主党内有着不同的看法。为了回答这些问题，列宁在流放中写下了本文。

列宁指出：罢工浪潮是资本主义社会制度所必然引发的，罢工显示了工人阶级团结起来的力量。沙皇政府和资产阶级对罢工的镇压，促使工人认清它们及它们所代表的社会制度的实质，它标志着工人阶级反对资本主义社会制度的开始。

列宁指出，必须认识到罢工只是工人阶级争取自身解放的手段之一，而不是全部。能领导这一斗争并取得胜利的只有社会主义的工人政党。罢工斗争必须从个别阶级转向整个工人阶级解放全体劳动者的斗争。列宁号召全体社会民主党人和一切觉悟工人为实现这一目标在全国范围联合起来，在工人中传播社会主义，掌握各种对敌斗争方法，建立为"全体人民摆脱政府压迫和全体劳动者摆脱资本压迫而奋斗的社会主义的工人政党"。

——《列宁全集》第 5 卷第 251～260 页

《我们党的纲领草案》

全文约 1.5 万字。列宁写于 1899 年。

列宁自 19 世纪 90 年代中期开始研究俄国革命政党的纲领。1898 年成立的俄国社会民主工党并未立即制定革命纲领，而革命运动的发展急需革命纲领的指导。列宁在被流放期间继续收集资料，进行大量的研究探讨工作。该草案是当时列宁关于革命政党的纲领的思想的全面总结，是他于 1895～1896 年在狱中写下的《社会民主党纲领草案及其说明》的续篇。

列宁在文中首先论述制定革命纲领的重要意义。列宁认为，革命运动走向团结、联合和高度组织的发展趋势迫切需要一个革命纲领。革命纲领是社会民主党人明确斗争方向，壮大革命队伍，密切党的联系，以及在共同的对革命运动的性质、目的和任务的认识基础上的全党团结所必需的。列宁在文中详细分析了劳动解放社纲领和德国社会民主党的爱尔福特纲领。

认为前者可以作为俄国社会民主工党纲领的基础，后者也可资借鉴。列宁指出，这种仿效和借鉴决不应该是简单的抄袭，而必须考虑到"我国的特点"。特别是在政治任务和斗争手段以及农民等问题上。列宁具体阐述了应该写进党纲原则部分的一些基本原理，以及实践部分必须包括的内容。

列宁认为，俄国社会民主工党纲领的组成部分应是：①指出俄国经济发展的基本性质；②指出资本主义发展的必然后果是贫困的增长和工人愤慨情绪的增长；③指出无产阶级的阶级斗争是我们运动的基础；④指出社会民主主义工人运动的最终目的，指出这个运动为了达到这些目的必须努力夺取政权，指出运动的国际性；⑤指出阶级斗争必须具有政治性；⑥指出保护剥削者、造成人民无权地位和受压迫地位的俄国专制制度是工人运动的主要障碍，争取政治自由是党当前的政治任务；⑦指出党将支持反对专制制度的一切政党和居民阶层；⑧列举各项基本民主要求，提出维护工人阶级利益的要求；⑨维护农民利益的要求，并说明这些要求的一般性质。列宁特别强调俄国农民问题的特殊性，阐明了俄国社会民主党对待农民运动的支持和引导的态度。

——《列宁全集》第 5 卷第 186～208 页

《我们运动的迫切任务》

全文约 3500 字。列宁写于 1900 年 11 月。

1900 年年初，列宁结束流放生活后，一直致力于建立一个独立的工人阶级政党及出版党的机关报的工作。本文是列宁为《火星报》创刊号撰写的社论。

列宁在本文中指出：当前的俄国社会民主主义运动中存在着经济派、伯恩施坦主义泛滥和社会主义与工人运动相脱离的趋向。这种趋向有极大的危害性。历史教训表明，社会主义运动最迫切的任务是反对专制制度，实现这一目标必须使社会主义与工人运动紧密结合。建立一个革命的工人阶级政党是这种结合的最高形式。只有在革命政党的领导下，工人阶级才能进行自觉的阶级斗争，完成肩负的历史使命。

列宁把"促进工人阶级的政治发展和政治组织"作为革命运动的主要和基本的任务。

——《列宁全集》第 5 卷第 333～338 页

《土地问题和"马克思的批评家"》

　　全文约 10 万字。列宁写于 1901 年 6～9 月和 1907 年，全文共 12 章。

　　20 世纪初，列宁十分关注马克思主义者与资产阶级和小资产阶级理论家之间围绕着土地问题理论所展开的论战。资产阶级理论家们在论战中否定马克思主义关于土地问题和资本主义农业发展规律的理论。他们的理论和思想对俄国社会民主力量产生了相当大的影响。

　　侨居中欧的列宁从坚持马克思主义立场出发，先后写下多篇评述上述论战的文章，后汇编成本文。列宁在本文中先后分析了马克思主义者考茨基和俄国的谢·尼·布尔加柯夫、维·米·切尔诺夫以及德国的弗·奥·赫茨和爱·大卫等资产阶级和小资产阶级理论家，有关土地问题理论的著述和相互之间进行的论战。列宁指出，资产阶级理论家关于土地问题的一切理论的基石——土地肥力递减规律，在理论上和实践中都是站不住脚的。它完全不适用于技术正在进步和生产方式正在变革的情况。

布尔加柯夫等人把劳动者的贫困归咎于自然界的"赐物"的减少，认为"土地肥力递减规律"是造成食物不足和农产品价格上涨的原因，并由此推论马克思主义关于土地问题的理论不适合用于现代农业问题。列宁认为，布尔加柯夫等人试图回避土地问题的实质，掩盖农奴制的残余、土地私有制和资本主义生产关系导致农民贫困的现实，他们是在充当资产阶级的辩护者。

列宁指出，农业落后的现实是有着深刻的社会原因和历史原因的。在科学技术不断进步和生产方式发展变化的客观现实条件下，农业发展的事实驳倒了"土地肥力递减规律"，也同时否定了布尔加柯夫等人依据此规律对马克思有关土地问题的理论的否定批判。布尔加柯夫等人把级差地租理论同"土地肥力递减规律"联系起来，并否认绝对地租的存在，进而否定马克思的地租理论。列宁阐明了马克思关于级差地租和绝对地租的学说，指出，正是马克思使地租理论摆脱了"土地肥力递减规律"，从而具有了科学性和正确性。

"马克思的批评家"们的错误在于既不了解土地有限的影响与土地私有制的影响之间的差别，也不了解"垄断"和"生产率最低的最后一次投入的劳动和资本"这两个概念之间的联系。列宁指出，资本主义农业存在着两种垄断，即土地经营的垄断和土地所有权的垄断，把这两种垄断区别开来是绝对必要的，除了由于土地经营的垄断所产生的级差地租外，承认土地私有制所产生的绝对地租也是必要的。

"马克思的批评家"们认为在资本主义农业中小生产经济是富有生命力的，具有大生产所没有的优越性。他们否认技术进步将对农业生产发展产生的巨大推动作用，反对消灭"城乡差别"。列宁指出，"马克思的批评家"们所采用的统计方法和资料分析方法是不科学的。列宁列举了大量事实说明了技术进步已经对资本主义农业产生了如同其对工业所产生的那种巨大作用。欧洲现代农业走向机器化的明显趋势，证明了技术进步的优越性为历史发展所承认。列宁预言，以电气化为标志的新的技术革命将对社会生产力的发展产生更加巨大的推动作用。列宁指出，马克思主义者不否认大城市在社会发展过程中的巨大历史作用，而消灭城乡差别并不意味着消灭城市或使文明倒退，而是旨在消灭千百万农村人民与文化和进步相隔绝的社会现象。

列宁详尽分析了德国、英国、丹麦的农业资料后，指出，这些国家现代资本主义农业发展的现象表明，资本主义农业正在向大生产的方向发展，大生产由于运用技术革命成果和施行新的生产方式的有利条件，已充分显示出优越性。

"马克思的批评家"们选用的论据所表明的只是在某种特定历史和社会条件下的小生产的活跃。列宁分析了"马克思的批评家"们的论据，指出，他们片面利用了某些统计资料和分析材料，在分析方法和论证过程中都出现了严重错误。他们所分析引证的德国等几个具体例子的真实情况，恰恰证明了大生产在资本主义农业中的地位和发展前景。

列宁特别分析了"批评家"们心目中的"理想国"——丹麦的农业发展状况。列宁指出，丹麦的小农经济相对比较发达和繁荣。通过对丹麦的资本主义土地所有制的分析表明，丹麦农业的基础是大、中型资本主义农业——大部分土地集中于少数人手中。丹麦的小农经济在农业经济中所占地位是非主要性的，其发展趋势是走向衰落和贫困化。

列宁指出，事实证明，马克思所揭示的资本主义经济规律也适用于资本主义农业，农业中同样出现了资本主义的发展过程，存在着资本主义所固有的一切矛盾。小农经济在资本主义制度下是没有前途的。不能否定资本主义大生产方式对农业所产生的巨大推动作用的历史进步性。

列宁指出，资本主义农业存在的问题的根本解决出路在于，广大农民在无产阶级领导下进行反对整个资本主义制度的革命斗争，从而摆脱受奴役和生活贫困的处境。农民在即将到来的革命中能够成为无产阶级的可靠的同盟军。

——《列宁全集》第 5 卷第 84～244 页

《怎么办？(我们运动中的迫切问题)》

全文约 11.5 万字。列宁写于 1901～1902 年，共五章 22 节。

这一时期，俄国社会经济的一切矛盾开始更加尖锐地表现出来。反对沙皇专制制度的群众性革命运动日益高涨。工人的经济罢工与政治罢工紧密地交织在一起，相互补充，显示了工人群众的自觉性和斗争性日益增高。全俄国到处回响着抗议专制制度暴行的呼声。

在这样的形势下，俄国社会中的各个阶级及其政治派别都在制定并推行自己的纲领和策略，各政治派别之间和政治派别内部也展开了激烈的思想斗争和政治斗争。无产阶级革命派俄国社会民主党组织内部也急需统一思想，加强组织团结，开展有效的政治斗争，制定正确的行动纲领和策略原则，以适应形势发展的需要。

1901 年上半年，俄国社会民主工党各国外组织举行了关于协议和统一的谈判。在为筹备召开实现统一的代表大会而召开的各组织代表会议上通过了一项决议，认为必须在《火星报》的革命原则基础上团结俄国社会民主主义力量和统一社会民主工党各国外组织，并谴责了经济主义、伯恩施坦主义、米勒兰主义等形形色色的机会主义表现现象。但是国外俄国社会民主党人联合会及其机关刊物《工人事业》杂志在会议后却加紧宣扬机会主义。

在这种情况下，"火星派"和"工人事业派"的统一已不可能。"工人事业派"反对马克思主义革命理论，反对工人参加政治斗争，主张工人仅进行经济斗争，因此，也被称"经济派"。由于"经济派"思想严重危害无产阶级事业，所以，俄国无产阶级革命派面临的迫切任务就是从思想上彻底粉碎经济主义这个影响建立一个战斗的集中的政党的主要障碍，结束社会民主工党各个组织思想混乱、组织涣散的状态，早日建立起新型无产阶级政党来领导全体人民争取政治自由、争取资产阶级民主革命胜利的斗争，为未来的社会主义革命准备条件。

为此，列宁写作了此书。这本书全面论述了建立新型无产阶级政党的思想，从思想上彻底粉粹了经济主义，教育和培养了坚强的马克思主义革命家。1902～1903 年，这本书在俄国各地社会民主党组织中广为传播，不少人受了它的影响而成为《火星报》的拥护者。它对于俄国工人阶级的革命马克思主义政党的建立，对于列宁"火星派"在俄国社会民主工党各委员会和组织中，以及以后在 1903 年党的第二次代表大会上取得胜利，都起到了特别重要的作用。

在《序言》中，列宁谈了两个问题，第一个是写作《怎么办?》一书的必要性。列宁指出，在工人事业派重新转向"经济主义"之后，同这个模糊不清、缺乏明确性、可是却比较顽固并能在各种形式下复活起来的派别作坚决的斗争，已经是绝对必要的事情了。另一个是此书的写作内容。列宁指出，他将在书中论述所谓"批评自由"问题和自发的群众运动的作用问题，说明工联主义政治和社会民主主义政治之间的区别；说明"经济派"感到满意的手工业方式和"火星派"认为必须建立的革命家组织这两者之间的区别；说明着手建立全俄的战斗组织的计划问题；最后得出全书的结论。

在第一章，列宁揭露了机会主义者所谓"批评自由"的口号的实质和危害性，阐明了马克思主义革命理论的重要意义。列宁指出，机会主义者伯恩施坦派在"批评自由"的时髦口号下，否认社会主义的必要性和必然性；否认大众日益贫困、日益无产阶级化和资本主义矛盾日益尖锐化的事实；否认无产阶级专政的思想；否认自由主义和社会主义在原则上的对立；否认阶级斗争理论；宣称"最终目的"这个概念本身就不能成立。总之，他们要求社会民主党由主张社会革命的政党变成主张社会改良的政党，要求从革命的社会民主主义坚决转向资产阶级的社会改良主义，这样就免不了会同样坚决地转向用资产阶级观点来批评马克思主义的一切基本思想，甚至在行动上也转向资产阶级。

列宁指出，社会主义运动中的新的"批评"派无非是机会主义的一个新的变种。他们的言行证明，"批评自由"就是机会主义派在社会民主党内的自由，就是把社会民主党变为主张改良的民主政党的自由，就是把资产阶级思想和资产阶级因素灌输到社会主义运动中来的自由。

俄国的经济派维护整个国际社会民主党中的机会主义派，要求机会主义在俄国社会民主党内的自由。他们推崇工人运动的自发性，把经济斗争看得至为重要，并对政治斗争作改良主义的解释，贬低社会主义意识的作用，贬低党在工人运动中的领导作用，主张让马克思主义知识分子去同自由派结合起来作政治斗争，使工人阶级在反对专制制度和资产阶级的斗争中解除武装。

列宁揭露了俄国经济派的机会主义思想实质，同时又论述了马克思主义理论的重要意义，以及马克思主义政党作为工人运动的领导力量的意义，阐发了恩格斯关于社会民主运动的三种斗争（政治斗争、经济斗争和理论斗争）密不可分的思想，特别强调了理论工作的重大意义。列宁指出，没有革命的理论，就不会有革命的运动。对于俄国社会民主党来说，革命理论的意义显得更为重要。

原因之一，俄国社会民主党还刚刚在形成，刚刚在确定自己的面貌，因而迫切需要理论的指导；原因之二，社会民主主义运动就其本质来说是国际性的运动，年轻的俄国工人运动要借鉴其他国家的革命经验，就需要雄厚的理论力量和丰富的政治经验；原因之三，俄国社会民主党担负的民族任务是世界上任何一个社会党都不曾有过的。同德国和其他国家的无产阶级相比，俄国工人阶级将要遇到无比严重的考验，即摧毁不仅是欧洲同时也是亚洲的反动势力的最强大的堡垒——沙皇专制制度，因此迫切需要先进理论的指导。

只有以先进理论为指南的党，才能实现先进战士的作用。党的力量就在于它具有理论武装。列宁希望工人运动的领袖们要不断地增进对各种理论问题的知识，时刻记住，社会主义自从成为科学以来，就要求人们把它当做科学看待，即要求人们去研究它。必须以高度的热情把由此获得的日益明确的意识传播到工人群众中去，必须日益加强团结党组织和工会组织。俄国工人阶级必须像德国工人阶级那样掌握马克思主义，加强理论修养，从运动的开始，就在斗争的理论方面、政治方面和经济实践方面互相配合，互相联系，有计划地进行。只有这样，俄国无产阶级才能成为国际革命无产阶级的先锋队。

在第二章，列宁分析了工人运动中的自发性和自觉性的相互关系问题。列宁指出，俄国革命运动的力量在于群众（主要是工业无产阶级）的觉醒，而它的弱点却在于身为领导者的革命家缺乏自觉性和首创精神。俄国经济派则强调运动发展过程中的客观因素或自发因素的意义，认为社会主义意识可以自发地从工人运动本身产生，并自发地在工人阶级中传播，反对给工人阶级灌输社会主义意识。列宁批判了他们的这种机会主义观点。

他指出，工人的自发斗争在开始多半是绝望和报复的表现，甚至还不能说是斗争，后来出现的工人的有计划地罢工，虽然有明确的要求和时机的选择，但仍然是纯粹自发的运动。这些罢工本身是工联主义的斗争，还不是社会民主主义的斗争；这些罢工标志着工人已经感觉到他们同厂主的对抗，但是工人还没有意识到，而且也不可能意识到，他们的利益同整个现代的政治制度和社会制度的不可调和的对立，也就是说，他们也没有而且也不可能有社会民主主义的意识。这种意识只能从外面灌输进去。

各国的历史证明：工人阶级单靠自己本身的力量，只能形成工联主义的意识，即确信必须结成工会，必须同厂主斗争，必须向政府争取颁布对工人必要的某些法律，如此等等。而社会主义学说则是从有产阶级的有教养的人即知识分子创造的哲学理论、历史理论和经济理论中发展起来的。现代科学社会主义的创始人马克思和恩格斯本人，按他们的社会地位来说，也是资产阶级知识分子。俄国社会民主党的理论学说也是完全不依赖于工人运动的自发增长而产生的，它的产生是革命的社会主义知识分子的思想发展的自然和必然的结果。

列宁指出，对工人运动自发性的任何崇拜，对"自觉因素"的作用即社会民主党的作用的任何轻视，完全不管轻视者自己愿意与否，都是在加强资产阶级思想体系对工人的影响。纯粹的工人运动本身绝不会创造出一种独立的思想体系，或者是资产阶级的思想体系，或者是社会主义的思想体系，不会有"第三种"思想体系。因此，对社会主义思想体系的任何轻视和任何脱离，都意味着资产阶级思想体系的加强。工人运动的自发的发展恰恰导致运动受资产阶级思想体系的支配，因为自发的工人运动就是工联主义的，也就是纯粹工会的运动，而工联主义正是意味着工人受资产阶级的思想奴役。

因此，俄国社会民主党的任务就是要反对自发性，就是要使工人运动脱离这种投到资产阶级羽翼下去的工联主义的自发趋势，而把它吸引到革命的社会民主党的羽翼下来。列宁指出，资产阶级思想体系的渊源比社会主义思想体系久远得多，它经过了更加全面的加工，它拥有的传播工具也多得不能相比。所以，某一个国家中的社会主义运动越年轻，也就应当越积极地同一切巩固非社会主义思想体系的企图作斗争。由于俄国工人运动还处在幼年状态，为了赶快成长起来，它应当采取不肯容忍的态度来对待那些用崇拜自发性阻碍运动发展的人。

群众的自发高潮越增长，运动越扩大，对于社会民主党在理论工作、政治工作和组织工作方面表现巨大的自觉性的要求，也就越无比迅速地增长起来。俄国社会民主党在反对自发性的同时，应努力以科学社会主义思想武装工人运动，以提高运动的水平。

在第三章，列宁阐述了无产阶级阶级斗争的经济形式和政治形式的相互关系问题。列宁揭露了经济派所谓"政治鼓动应当服从于经济鼓动"、"赋予经济斗争本身以政治性质"的言论，是把社会民主主义政治降低为工联主义政治，是争取经济改良。列宁指出，组织工人对工厂的揭露并不是社会民主主义的活动，而只是工联主义的活动。这种揭露可能成为社会民主主义的活动的开端和组成部分，但是也可能导致"纯粹工会"的斗争和非社会民主主义的工人运动。社会民主党领导工人阶级进行斗争，不仅是要争取出卖劳动力的有利条件，而且是要消灭那种迫使穷人卖身给富人的社会制度。社会民主党代表工人阶级，不是就工人阶级同仅仅某一部分企业主的关系而言，而是就工人阶级同现代社会的各个阶级，同国家这个有组织的政治力量的关系而言。

由此可见，社会民主党人不但不能局限于经济斗争，而且不能允许把组织经济方面的揭露当做他们的主要活动。我们应当积极地对工人阶级进行政治教育，发展工人阶级的政治意识。政治教育不能局限于宣传工人阶级与专制制度敌对的观念，必须利用工人受压迫的每一个具体表现来进行鼓动。如果不负起责任组织对专制制度的全面政治揭露，就不能完成社会民主党发展工人的政治意识的任务。

"赋予经济斗争本身以政治性质"，实质是争取经济改良斗争。革命的社会民主党过去和现在一直把争取改良的斗争包括在自己的活动范围之内，但是它利用经济鼓动并不仅仅是为了要求政府实行种种措施，而且是（并且首先是）要求政府不再成为专制政府。革命的社会民主党使争取改良的斗争服从于争取自由和争取社会主义的革命斗争，就像使局部服从整体一样。

　　"提高工人群众的积极性"，只有在不局限于"经济基础上的政治鼓动"这个条件才能做到。而把政治鼓动扩大到必要程度的基本条件之一，就是组织全面的政治揭露。不进行这样的揭露，就不能培养群众的政治意识和革命积极性。

　　当工人还没有学会对各种各样的专横和压迫、暴行和胡作非为作出反应，并且是从社会民主党的观点来作出反应时，工人阶级的意识是不能成为真正的政治意识的。当工人还没有学会根据各种具体的政治事实和政治事件，来观察其他每一个社会阶级在思想、精神和政治生活中的一切表现时，当工人还没有学会在实践中对一切阶级、阶层等活动和生活的各个方面作出唯物主义分析和唯物主义评价时，工人群众的意识是不能成为真正的阶级意识的。

　　列宁分析了经济主义和恐怖主义的共同点。他认为，这两派有一个共同的根源，这就是崇拜自发性。"经济派"和"恐怖派"是各自崇拜自发潮流的一个极端："经济派"崇拜"纯粹工人运动"的自发性；"恐怖派"崇拜不善于或者没有可能把革命工作同工人运动结合成一个整体的知识分子的最狂热的愤懑情绪的自发性。列宁指出，政治活动有自己的逻辑，而不取决于那些怀有最善良的愿望，或者号召采取恐怖手段，或者号召赋予经济斗争本身以政治性质的人的意识。而后两者都不过是以不同的形式来推卸俄国革命家所应当担负的最迫切的责任，即组织全面的政治鼓动工作。

列宁还阐述了关于无产阶级在资产阶级民主革命中的领导权和工农的革命联盟的思想。他指出，阶级政治意识只能从外面灌输给工人，即只能从经济斗争外面灌输给工人。只有从一切阶级和阶层同国家和政府的关系方面，只有从一切阶级的相互关系方面，才能汲取到这种知识。为了向工人灌输政治知识，社会民主党人应当到居民的一切阶级中去，应当派出自己的队伍分赴各个领域。工人阶级应该作为争取政治自由的先进战士去领导一般民主运动，向一切阶级的代表说明自己的民主主义的要求，解释无产阶级解放斗争的世界历史意义，不隐瞒自己的社会主义信念。

工人阶级政党应该把俄国全体人民反对专制制度的民主斗争同无产阶级反对资本主义的社会主义斗争结合起来，进行革命宣传和政治鼓动，从政治上揭露专制制度，揭露沙皇俄国的整个政治制度。只有把这种全民的揭露工作组织起来的党，才能成为革命力量的先锋队。

在第四、第五章，列宁论述了建立一个统一的集中的革命家组织即马克思主义政党的必要性，阐述了建党计划，同时彻底批判了俄国经济派迷恋组织工作中的手工业方式、反对建立革命家组织的机会主义观点。列宁指出，任何一个机构的组织，其性质自然而且必然取决于这一机构的活动内容。经济派崇拜"同厂主和政府作经济斗争"，自然不需要一个全俄的集中的组织，即一个由职业革命家组成，而由全体人民的真正的政治领袖们领导的组织。

"经济派"对于马克思主义理论、对于社会民主党的作用，及其政治任务的狭隘理解，必然摆脱不了组织工作的手工业方式即组织工作的狭隘性，必然不了解无产阶级最迫切的实际任务，是要建立一个能使政治斗争具有力量、具有稳定性和继承性的革命家组织。列宁指出，在街头同军警的斗争中，普通群众能够表现出巨大的毅力和自我牺牲精神，能够决定整个运动的结局，但同政治警察作斗争，需要有特别的品质，需要有职业革命家。

列宁分析了工人组织与革命家组织的区别。他指出，社会民主党的政治斗争要比工人同厂主和政府作经济斗争广泛得多和复杂得多，革命的社会民主党的组织也一定要与进行这种斗争的工人组织不一样。工人组织具有的特点是：第一，它应当是职业的组织；第二，它应当是尽量广泛的组织；第三，它应当是尽量少带秘密性的组织。相反，革命家组织应当包括的首先是并且主要是以革命活动为职业的人，它必须是不广泛的和尽可能秘密的组织。谁想在专制制度下建立一个实行选举制、报告制和全体表决制等的广泛的工人组织，那他就是个空想家。如果从扎扎实实建立坚强的革命家组织开始，我们就能保证整个运动的稳定性，就既能实现社会民主主义的目的，又能实现纯粹工联主义的目的。

列宁指出，任何革命运动，如果没有一种稳定的和能够保持继承性的领导者组织，就不能持久；自发地卷入斗争、构成运动的基础和参加到运动中来的群众越广泛，这种组织也就越迫切需要，也就应当越巩固；这种组织的构成主要应当是以革命活动为职业的人，在专制制度的国家里，这种组织的人数越少，素质越高，也就越难被捕捉。这个组织既包括知识分子革命家，也包括工人革命家。社会民主党要特别注意培养和发现职业的工人革命家。

列宁还分析了职业革命家组织与民主制问题。他指出，无产阶级的自发斗争如果没有坚强的革命家组织的领导，就不能成为无产阶级的真正的阶级斗争。只有集中的战斗组织，坚定地实行社会民主党的政策并能满足所谓一切革命本能和革命要求的组织，才能使工人运动取得胜利。

列宁指出，在俄国专制制度的条件下，"经济派"竟然主张在组织工作中实行广泛的民主原则，这是极端的幼稚和哗众取宠，是在玩弄"民主制的儿戏"，工人运动的活动家所应当遵守的唯一严肃的组织原则是：严守秘密，极严格地选择成员，培养职业革命家。只要具备这种品质，就能保证有一种比"民主制"更重要的东西，即革命者之间的充分的同志信任，这是在俄国根本不可能用普遍的民主监督来代替的。真正的革命家组织是会用一切办法来清除其中的不良分子的。

关于地方工作和全俄工作的关系问题，列宁指出，建立集中化的组织不会削弱而会加强组织联系的牢固性和地方鼓动工作的稳定性。

最后，列宁论述了建党计划。他指出，根据俄国的历史情况和现实条件，创办全俄政治报是使革命组织得以不断发展、加深和扩大的一条基线。全部政治生活就是由一串无穷无尽的环节组成的一条无穷无尽的链条，政治家的全部艺术就在于找到并且牢牢抓住那个最容易从手中被打掉的环节，也就是最关键的环节。创办全俄政治报就是抓住了俄国政治生活链条上的关键环节。俄国工人运动还处在一种分散状态，只有利用全俄政治报的集合作用和组织作用，才能把各地工人运动协调和统一起来，推动人们沿着通向革命的道路不断前进。全俄政治报会成为巨大鼓风机的一部分，能够使阶级斗争和人民义愤的每一点星星之火，燃成熊熊大火。

我们坚决主张围绕全俄政治报，即通过一齐为共同的报纸而努力的办法来建立组织的计划。只有这样来建立组织，才能确保社会民主党的战斗组织所必需的灵活性，即能够立刻适应各种各样迅速变化的斗争条件，善于"一方面在敌人把全部力量集中于一点的时候避免同这个占绝对优势的敌人公开作战，另一方面又利用这个敌人的迟钝，在他最难料到的地点和时间攻其不备"。专为应付爆动和街头斗争，或者专为应付"平凡的日常斗争进程"来建立党的组织，那是极大的错误。党组织活动的基本内容和中心就是阐明实际生活的各方面、深入广大群众并在全俄范围内统一进行的政治鼓动工作。

在当前的俄国，没有一个经常出版发行的全俄报纸，要进行这种工作是不可想象的。在这个报纸的周围自然地形成起来的组织，因为这个报纸工作的人构成的组织，就能应付一切：从在革命最"低沉"的时期挽救党的名誉、威望和继承性起，一直到准备、决定和实行全民武装起义。按照列宁的计划，党应当是由少数领导人（主要是职业革命家）和广泛的地方组织网组成的。党的核心应当由有修养、有才干、有经验和经过考验的职业革命家组成。列宁指出，战斗的革命政党需要有坚强的有威信的领导。如果没有一个富有天才、经过考验、受专门训练和长期教育，并且彼此配合得很好的领袖的集体，在现代社会中就无法进行坚持不懈的斗争。列宁总结说，"全俄政治报计划"是一个从各方面立刻开始准备起义、同时又丝毫不忘记自己日常的迫切工作的最切实的计划。

在结束语部分，列宁回顾了俄国社会民主党发展的三个历史时期，得出了全书的结论。对"怎么办？"这个问题作了回答。列宁指出，俄国社会民主党应该结束第三个时期，即结束思想上的分歧和组织上的混乱，建立起坚强而团结的马克思主义的工人阶级政党。第四个时期一定会使战斗的马克思主义巩固起来，俄国社会民主党一定会度过危机而变得更加坚强和更加壮大，机会主义者的后卫队一定会被最革命的阶级的真正的先进部队所代替。

——《列宁全集》第 6 卷第 1～183 页

《俄国社会民主党的土地纲领》

全文约 2.4 万字。列宁写于 1902 年。

在 19 世纪末 20 世纪初的俄国农村，资本主义的生产关系在生长。同时，农奴制残余还远未消失，两种生产关系错综复杂地交织在一起。面临着资产阶级民主革命的社会民主党人，必须对农村的阶级关系有一个科学的分析，制定出正确的土地纲领，才能在革命中同农民结成可靠的联盟。

列宁认为，在已经完成资产阶级革命的西方的农民与俄国的农民不同。西方的私有者农民在民主运动中已经完成了自己的使命，现在正在捍卫自己的小私有者地位，而俄国的农民还处在全民性的民主运动的前夕，其中许多人还没有获得人身自由。俄国农民同俄国工人的政治、经济处境也大不相同，在制定纲领时，也理应体现出两者的差别。在资产阶级民主革命时期，纲领中关于工人的部分，不能超出社会改良的要求范围，应当限于对现存资产阶级制度的局部改善。在农民部分中，应当力求完全消灭现存制度中的一切农奴制残余。纲领规定的工人阶级最近要求的部分中，还不能提出社会革命的要求，因为推翻资产阶级的社会革命，已经属于无产阶级性质的革命了。在农民部分中，就应提出推翻农奴主、地主统治的社会革命。

列宁认为，小农这个小私有者在不同的经济关系中地位和作用也不一样。在资本主义占统治地位的情况下，小私有制阻碍生产力的发展，把劳动束缚在一小块土地上，固守着陈旧的技术，使土地难以投入到商业周转中。在工役经济占统治地位的情况下，小土地所有制只要摆脱工役制，不再替地主无偿服劳役，就能推动生产力的发展。

因此，在社会民主党的纲领中，"农民的要求"第一应是消灭农奴制的残余，第二应是促进农村阶级斗争的自由发展。消灭农奴制，在方法上不是用改良，而是用革命办法彻底地、无条件地消灭它。应把贵族政府从农民那里割去的土地归还农民。阶级斗争是一切土地问题的指导路线。消灭一切农奴制残余，是为了给农村阶级斗争的自由发展扫清道路，这个斗争旨在使无产阶级最终夺取政权并建立社会主义社会的基础。

——《列宁全集》第 6 卷第 281～320 页

《答普列汉诺夫和阿克雪里罗得对〈俄国社会民主党的土地纲领〉一文的意见》

全文约 1.1 万字。列宁写于 1902 年 5 月 1 日。《俄国社会民主党的土地纲领》一文，列宁写好后提交《火星报》编辑部苏黎世会议讨论。列宁当时在伦敦，没有参加这次会议。与会者的意见由尔·马尔托夫记在文章手稿的背面。列宁在收到苏黎世会议的讨论意见后，对文章做了一些修改，并把文章寄给普列汉诺夫和阿克雪里罗得，请他们再次修改。他们这次提的意见非常尖刻，并带侮辱性，结果引起了《火星报》编辑部内部的激烈冲突。

在此情况下，列宁对普列汉诺夫和阿克雪里罗得（被列宁称为"提意见者"）的意见进行了答复。他们的修改意见共有二十六点，列宁逐一进行了解释和说明，其中较为重要的几个观点是："提意见者"认为，对土地的剥夺并不排除赎买，赎买也并不排除剥夺。列宁认为，对地主土地的剥夺就是取消其对土地的所有权，也就是不付酬金的夺取，赎买与剥夺是不同的。"提意见者"认为，并非只有建立了共和国，才能进行无产阶级同资产阶级的决战。如英国政治上的发展就不必通过共和国，这并不妨碍无产阶级同资产阶级的斗争，因此，废除君主制不会是社会主义胜利的先决条件，而只能是这一胜利的结果。列宁认为，正是由于英国情况是一种例外，以英国为例是不怎么恰当的。现在把俄国和英国相提并论，就等于给人们造成许许多多的误解。马克思和恩格斯关于要求在德国建立共和国的意见恰恰指出了共和国的"必要性"——而任何地方都可能有例外。"提意见者"认为，在一个警察国家里，土地国有化就意味着使这个国家进一步大大加强。列宁认为，远非任何时候、任何国有化都是反动的。"提意见者"认为，承认同一村社的社员在一定条件下有优先购买其他社员出售土地的权利只会降低农民土地的价格。列宁认为，不应该过于敌对村社（俄国农民共同使用土地的形式，其特点是在实行强制性的统一轮作的前提下，将耕地分给农户使用，森林、牧场则共同使用，不得分割）。在一定条件下，优先购买的权利不会降低而会提高土地的价格。轻率地否定村社（作为协作组织），就会轻易地糟蹋掉我们对农民的全部善意。

此外，列宁还对"提意见者"的品质和作风提出了批评。列宁指出，普列汉诺夫和阿克雪里罗得的修改意见非常草率，以至于没有把修改前后的东西对照一下，甚至把修改意见撇在一边，我行我素。他们提出的修改几乎没有一处是表述清楚的，甚至提意见的语气也是故意带有侮辱性的。他们的目的是要使持不同意见的同志无法在《火星报》编辑部中共同工作。

——《列宁全集》第 6 卷第 321～338 页

《俄国经济生活》

全文约 7000 字。列宁的这篇论文载于 1902 年 2 月 15 日《火星报》上。

19 世纪末的俄国出现的一个经济现象，就是存款的总额增加了，存款的总户数也增加了。于是，一些反马克思主义的学者就此宣传说：小额人民储蓄在增长，表明了资本的分散。

列宁与反马克思的学者相反，他从对储蓄增长这一事实和具体数据的分析中，得出了革命的结论。在 19 世纪 80 年代和 90 年代初，存款总额增长最快的是荒年。人民饥饿蔓延的同时，货币储蓄却在增加。饥民们既没有实物储蓄，也没有货币储蓄，而只是极少数发财致富的人把货币存入储金局。这就说明，存款的增长并不标志着人民富裕程度的提高，而是标志着农业资产阶级经济实力在增长，旧的独立的农民遭到新成长起来的农业资产阶级的排挤，即遭到那些不雇佣长工或日工就不能经营的富裕农民的排挤。在农村，小生产在日益衰落，而从小生产者中产生了一小撮靠多数人破产而发财的人，农村资本化的进程在加速。在城市，工厂工人的存款数量实际上居于末位，无产阶级为显贵们和大亨们创造全部财富，经济地位却处在社会最下层。从全部储户的存款数量看，不到全部储户1/7的富人，存款却占总数的54％。这说明，富裕农民在增加，他们正在变成资产阶级，正在把自己的存款变成资本。同时，沦为无产阶级的农民的人数更迅速地增加，他们靠出卖自己劳动力为生，把自己菲薄的一小部分收入存入储金局。小储户多，并不是反马克思主义的学者们所说的资本的分散，而恰恰证明资本主义社会穷人多，因为这些小储户在存款总额中所占的比重是微不足道的。通过储金局，储蓄变成资产阶级的资本，这个事实证明资本主义社会中劳动社会化在增长，小生产日益从属于大生产。小储户把自己一星半点的存款交给那些实业大王，就又陷入了对大资本的新的依赖。小储户在大企业入股，不仅不能成为更加独立的业主，反而成了更加依赖大业主的人。

列宁由此得出结论，小储户对大储户的依赖加强了，企业越来越社会化的性质同生产资料私有制之间的矛盾尖锐化了。储蓄越发展，小储户对无产阶级社会主义的胜利就越关心，因为只有这种胜利才能使他们成为名副其实的社会财富的主人。

——《列宁全集》第 6 卷第 261～271 页

《社会革命党人和社会民主
党人的土地纲领》

这是列宁在 1903 年 2 月拟定的一个专题报告要点。

这个报告要点反映了列宁为制定马克思主义工人政党的土地纲领和革命策略。列宁强调马克思主义土地问题理论应与工人阶级革命斗争的实践紧密相联，指出理论对制定党的纲领的重要意义。在报告要点提出的两个方案中，列宁注重对社会革命党人和社会民主党人的纲领进行比较和评价，弄清他们依据的原则和理论。

列宁抨击了民粹主义，指出他们在土地问题上的观点是旧社会主义的总和；指出俄国社会主义思想在土地问题上的历史，就是马克思主义与民粹主义斗争的历史；指出社会革命党人是羞羞答答的民粹主义，他们不了解俄国整个历史的经济的演进，不了解俄国农奴制宗法式和资本主义两种生活方式的交替情况，不了解并掩盖阶级斗争，因此他们的纲领是没有意义的。列宁指出了民主革命时期土地纲领的任务，如何吸引农民成为无产阶级反专制斗争的同盟军等。列宁批评了社会革命党人的土地纲领是各种"土地社会化"方案的混合物，是理论上无原则性和折中主义的产物。

列宁在这个报告要点中提出一系列重要思想，这是关于土地问题的一个重要文献。

——《列宁全集》第 56 卷第 36～50 页

《我们纲领中的民族问题》

全文约 5600 字。列宁写于 1903 年 7 月 28 日。

俄国是一个多民族的国家，正确处理民族问题至关重要。在这篇文章中，列宁阐述了社会民主党在这个问题上的基本观点。他指出，社会民主党人无条件地承认各民族争取民族自决的自由的斗争，但这不意味着必须支持任何民族自决的要求。社会民主党人应当使民族自决的要求完全服从于无产阶级斗争的利益，不要破坏现代无产阶级政治斗争的统一。资产阶级民主派以为民主制度可以消灭阶级斗争，他们用"全民"利益的观点，甚至从永恒的绝对的道德原则的观点来提出自己的一切政治要求，社会民主党人要无情地揭露这种幻想，不管它表现为抽象的唯心主义哲学，还是表现为无条件地要求民族独立。

在论述这个问题时，列宁还谈到了对待马克思主义的态度。他指出，忽视从那时以来已经变化了的条件，坚持马克思主义的旧答案，那就是只忠于学说的字句，而不是忠于学说的精神，就是只背诵过去的结论，而不善于用马克思主义的研究方法来分析新的政治局势。

——《列宁全集》第 7 卷第 218～226 页

《答对我们纲领草案的批评》

全文约 9100 字。是列宁针对马斯洛夫的《论土地纲领》一文而写的。

马斯洛夫在该文章中批评了《火星报》编辑部制定的俄国社会民主党纲领草案的土地部分，在文章后面附有他自己的土地纲领草案。在本文中，列宁对马斯洛夫提出的异议作了答复，对他的错误观点进行了批驳。

列宁指出，马斯洛夫认为我们提出的没收寺院和皇族的田产，就意味着让资本家出极低廉的价格侵吞土地，这完全是随心所欲地进行解释。因为，没收就是无偿地征收财产。至于这些土地是否出卖、卖给谁、怎样卖，却只字未提。我们是准备待这种没收后的一切社会政治条件明显表现出来时，再来确定处理没收的财产的最适当的形式。

马斯洛夫还认为归还割地就是分配小块土地，它不会消灭盘剥，只能形成盘剥。这种议论也是无的放矢，因为我们的纲领在土地部分并没有许下消灭一切贫困的"诺言"，而只许下肃清农奴制残余的诺言。列宁指出，我们的土地纲领，其目的就是要消灭土地关系方面的农奴制传统和等级制传统，而要消灭这些传统，只能依靠卑微等级，即依靠这些农奴制残余压迫的人。我们在确定自己在这场自由主义的（科学意义上的）土地改革中的立场时，既始终绝对地忠实于真正的民主主义运动，又始终如一地、坚定不移地发展无产阶级的阶级意识的原则。

——《列宁全集》第 7 卷第 203～217 页

《进一步，退两步》

全文约 16 万字。列宁写于 1904 年。

该书一出版就受到孟什维克和普列汉诺夫的强烈反对，却同时受到广大工人和党内布尔什维克的热烈欢迎并得以广为流传。这本书是马克思主义发展史上第一次详尽地批评组织上的机会主义和制定马克思主义革命政党的组织原则的极其重要的著作。该书中，列宁叙述了社会民主工党在第二次代表大会上的斗争，划分布尔什维克和孟什维克的政治意义，批判了孟什维克在组织问题上的机会主义，阐明了布尔什维克党正确的组织原则，发展了马克思主义关于无产阶级政党的学说，丰富了马克思主义关于政党和组织原则的理论宝库。

在著作中，列宁回顾了党的第二次代表大会在会议进程中形成的 4 个基本派别及其演变过程，即"火星派"多数派、"火星派"少数派、中间派和反"火星派"。"火星派"少数派在党章第一条问题上坚持机会主义观点，同"火星派"多数派发生原则分歧而与中间派和反火星派结成联盟，继而在中央机关的选举问题上以庸俗的宗派观念反对无产阶级的党性原则，采取各种手段去争取席位。代表大会最终划分出多数派和少数派，即布尔什维克和孟什维克。会后，孟什维克竭力歪曲和掩盖他们和布尔什维克在组织问题上的原则分歧，把以列宁为代表的"火星派"多数派在代表大会上的胜利贬低为偶然的情况。

为了让广大党员群众了解党内分歧的情况、认清斗争的意义、对党内斗争的是非作出独立的判断，列宁在《进一步，退两步》中以俄国社会民主工党第二次代表大会的记录和其他文件为根据，用大量的事实说明代表大会上各派是怎样形成和演变的，令人信服地证明：多数派和少数派的划分是社会民主党划分为革命派和机会主义派的直接的必然的继续，少数派是由党内最带机会主义性质、在理论上最不坚定和在原则上最不彻底的分子组成的。两派意见分歧的主要表现是在建党的组织原则问题上。

列宁指出，代表大会后新《火星报》加深、发展和扩大了马尔托夫在党章第一条条文问题上所犯的错误，使组织问题上的机会主义表现更加明显。列宁的"火星派"坚持建党的两个基本思想，一个是集中制，这是贯穿在整个党章中的唯一的原则性思想；另一个是形式上离开集中制而成立两个中央机关，即中央委员会和中央机关报，这是根据党处于秘密状态的特殊情况而提出的局部性思想。列宁的建党思想先是受到反"火星派"和中间派的反对，随后在火星派内部讨论党章第一条条文时也产生分歧。这种意见分歧成了以马尔托夫为首的"火星派"少数派走向机会主义的转折点，也奠定了他们同反"火星派"和中间派结成联盟的思想基础。

列宁和马尔托夫对两种条文的分歧反映出两种不同的建党观点。列宁提出的党章草案第一条条文是："凡承认党纲，在物质上支持党并亲自参加党的一个组织的人，可以作为党员。"马尔托夫提出的条文是："凡承认党纲，并在党的机关监督和领导下为实现党的任务而积极工作的人，可以作为俄国社会民主工党党员。"列宁的条文强调党员必须亲自参加党的一个组织。马尔托夫的条文却认为党员不必参加党的一个组织，只要经常协助党就够了，实际上是主张让每个同情党的知识分子和每个罢工者或游行示威者都有自行宣布为党员的权利。马尔托夫的少数派认为列宁的条文会把那些虽然不能吸收到党的组织中，但毕竟是党员的那些人抛到党的门外。列宁批驳了这种抹杀工人阶级先锋队同其他部分的界限、迁就落后阶层的尾巴主义观点。他指出：党应当是组织的总和，应当是一个整体；党应当是尽量有组织的，它只能吸收至少能接受最低限度组织性的分子；无限扩大党的界限不能加强反而只能削弱党对群众的影响。党的影响不是简单的算术数字，它首先取决于党的成员的坚定性，取决于内部的团结。党越坚强，党的队伍中动摇性越少，党就越能领导群众、领导工人阶级的一切组织。马尔托夫条文的实质是为机会主义分子、小资产阶级分子敞开大门。

列宁指出，"归结起来说，问题正是在于是彻底实行组织原则，还是崇尚涣散状态和无政府状态"？列宁主张建立一个集中的、组织严密的、纪律严格的无产阶级政党，马尔托夫要建立的则是组织涣散、没有定形、成分复杂的政党。党章第一条的争论的实质是维护与反对无产阶级政党的组织性、纪律性和先进性的斗争。

代表大会之后，孟什维克提出自治制来对抗列宁的集中制原则，宣称党是各个自治委员会的总和，党的各个部分可不服从整体，部分对整体应有自治权。他们还攻击集中制是"官僚主义"、"形式主义"，说集中制是把党变成中央委员会充当厂长的大工厂，把党员变成"小轮子和螺丝钉"。他们还把少数服从多数也说成硬性压制党员意志，把维护党的纪律诬蔑成在党内实行"农奴制"。

在《进一步，退两步》中，列宁对这些谬论进行了有力的驳斥。他指出，否认局部服从整体，就是无政府主义。无政府主义是无纪律自治制的必然归宿。列宁的集中制原则体现民主和集中、自由和纪律的统一，它同民主制并不矛盾，反对的是无政府主义的自治制。这在当时的历史条件下，强调集中既是秘密条件下建党的需要，也是克服涣散状态和小组习气、防止分裂、保证党的战斗力的需要。

针对孟什维克把"上层"和"下层"、领袖和群众对立起来，把自己置于党之上，藐视党员群众意志、破坏党章和党纪、破坏民主集中制的恶劣行为，列宁斥责了他们侈谈党内民主实则无政府主义的本质。列宁论述了党的纪律对全党上下的约束力、处理党内关系的严格原则，这一切决不是什么无原则的"信任"、"朋友关系"所能维持的。列宁主张任何党员和党的组织有权充分表达自己的意见，有权批评中央的错误。中央机关应允许党内不同意见的争论，允许一定范围的思想斗争，但不允许用违反党性的手段破坏党的整体利益。列宁还要求把党内争论的情况公开，不隐瞒党的缺点和毛病，要勇于开展自我批评去无情地揭露自己的缺点。

在批判孟什维克机会主义观点的同时，列宁阐明和发展了马克思主义的建党学说。他指出，马克思主义政党是工人阶级最优秀的先进的有觉悟的部队，不能把它混同于整个阶级；党又是工人阶级有组织的部队，它是由统一意志、统一行动和统一纪律团结起来的战斗组织；党必须根据民主集中制的原则组织起来，遵守少数服从多数、下级服从上级、全党服从统一的纪律；党还是工人阶级一切组织的最高形式，它要领导其他一切组织，又要与千百万工人阶级劳动群众保持血肉联系，这是党的力量源泉。

列宁探讨了孟什维克在组织问题上机会主义的根源，指出这不是偶然现象，有国际机会主义和俄国小农经济的国内外根源。保证组织上的统一，像一根红线贯穿《进一步，退两步》全文。列宁写道："无产阶级在争取政权的斗争中，除了组织，没有别的武器。"无产阶级之所以能够成为不可战胜的力量，就是因为它是用马克思主义的思想原则形成的思想统一和用组织的物质统一来巩固的。俄国社会民主工党第二次代表大会在克服小组习气、建立无产阶级政党方面前进一步。代表大会后孟什维克的分裂活动和普列汉诺夫的无原则迁就却使党倒退两步。

列宁的《进一步，退两步》一文是在孟什维克窃据中央机关、党内危机日益加重的关头完成的。他对克服党内危机充满信心，满怀革命激情地指出，机会主义派对革命派占了上风，这只是暂时的现象。革命的社会民主党原则，无产阶级的组织和党的纪律，必定获得完全的胜利。《进一步，退两步》一书的出版，使孟什维克极为惊慌，普列汉诺夫也匆忙要求中央委员会与列宁的书划清界限，中央委员会中的调和派也试图阻止这部著作的印刷和发行。尽管如此，它还是在俄国先进工人中迅速传开，其中关于建立无产阶级政党的许多宝贵思想和进行党内斗争的宝贵经验，至今仍有伟大的现实意义。

——《列宁全集》第 8 卷第 197～425 页

《社会主义和宗教》

全文约 3100 字。列宁写于 1905 年。

为了镇压日益高涨的革命运动，俄国的资产阶级企图煽动宗教仇视，把群众的注意力引开，使他们不去关心真正重要的和根本的经济与政治问题，瓦解群众斗志，削弱无产阶级力量。为了使人民认识到自己的命运和受压迫的根源，把更多的人民团结起来，争取现实社会的美好自由生活；为了用科学的世界观和进步的思想武装人民群众头脑，并从理论的高度论述宗教产生的社会历史根源，及在这个问题上社会民主党和资产阶级政党的区别，列宁写了这篇文章。

列宁指出，现代社会完全建立在地主资本家极少数人对广大人民剥削的基础上。这种经济压迫，必然会引起和产生对群众的政治压迫和社会屈辱，使他们在精神生活中变得粗俗和愚昧。宗教正是受压迫的广大群众所普遍遭受的种种精神压迫之一。在谈到宗教同个人、国家和政党的关系时，列宁指出，对宗教是私人的事情的观点，必须正确地理解。就国家而言，宗教是私人的事，国家不应同宗教发生关系，宗教团体不应同国家政权发生联系，教会须同国家分离。但是，对于社会主义无产阶级政党而言，宗教并非私事，这是由党的性质决定的，必须用我们的思想同宗教迷雾作斗争。这种斗争也是我们党的任务之组成部分。思想斗争并非私人之事，而是全党、全体无产阶级之事业。

接着，列宁论述了资产阶级政党和社会民主党在宗教问题上存在的区别。列宁指出，社会民主党的党纲是建立在科学的唯物主义世界观上，不是从所谓理性出发、离开阶级斗争，抽象、唯心地谈论宗教。而资产阶级政党正是这样抽象、唯心地谈论。宗教对人类的压迫只不过是社会内部经济压迫的产物和反映。无产阶级及其政党，应宣传科学的世界观，解放广大工人的思想，把工人团结起来，为消灭经济奴役进行坚决斗争，从根本上消灭宗教对人类的愚弄。

——《列宁全集》第 12 卷第 131～135 页

《小资产阶级社会主义和
无产阶级社会主义》

　　全文约 5000 字。载于 1905 年 10 月 25 日《无产者
报》上。

　　伴随革命形势的高涨，俄国农民运动也有了巨大发展。而
另一方面，随着农民运动的发展，小资产阶级的社会主义思潮
开始活跃起来。社会革命党人把陈旧的民粹主义搬了出来，攻
击社会民主党对农民运动的态度和策略，妄图以小资产阶级的
社会主义代替无产阶级的社会主义。列宁在此历史背景下写了
此文，意在揭露和批判社会革命党人在农民问题上的反动观
点，划清小资产阶级社会主义同无产阶级社会主义的界限。

　　列宁指出，在民粹派看来，农民运动就是真正的和直接的
社会主义运动，而社会革命党人对农民运动的估计也正是基于
这种小资产阶级的幻想和空想。但在马克思主义者看来，农民
运动是民主主义运动而并非社会主义运动，是属于资产阶级性

质的民主革命的必然伴侣。农民运动只反地主土地占有制，而不反对资本主义制度，不反对资本的剥削、统治。

因此，农民运动的胜利，不会铲除资本主义，反而会给资本主义发展造成更广泛的基础。社会民主党人支持农民运动以彻底推翻地主和官吏政权，完成民主主义革命；同时，要告诉农民，在推翻这个政权的同时还要准备社会主义革命，消灭资产阶级政权。有觉悟的工人既不因社会主义而忘记民主主义，也不能因民主主义而忘记社会主义。

——《列宁全集》第 12 卷第 37～45 页

《党的组织和党的出版物》

　　全文约4100字。列宁写于1905年11月13日，同日载于《新生活报》上。

　　由于1905年10月全俄政治大罢工，无产阶级取得了比较广泛的自由，也使党的出版物工作问题提到了议事日程。早在回国以前，列宁就对出版物工作十分重视，他在给国内党组织的信中指出，通过同代办秘密接头和会面时窃窃私语的办法进行思想领导的时代已经过去，应该用政治期刊进行领导，每期发表有关政治策略或组织问题的文章。现在，非法报刊同合法报刊的区别正在消失，党有可能通过合法报刊进行思想领导。列宁的这篇文章，就党的组织和党的出版物的关系，以及党的出版物工作原则等问题进行了深入论述。

　　列宁强调指出，党的文学宣传工作应该成为党的事业的组成部分。它不是个人或集团赚钱的工具，不是与无产阶级总的事业无关联的个人事业。在这个事业中，既要保证有个人创造、爱好的天地，有思想和幻想，形式和内容的天地，切忌强求一律、少数服从多数等形式主义，又要保证党办的报纸等出版物旗帜鲜明地宣传党的观点。作者，特别是党的作者，应同党的观点、立场保持一致。为此，党员作者一定要参加党的一个组织，党组织对违反这个原则的同志应采取组织措施，直至清除出党。党的宣传机构必须受党的监督，向党报告工作。列宁同时号召工人党员群众密切关注和监督这方面的工作。

　　列宁还驳斥了资产阶级的所谓创作绝对自由论调，每个人有权自由写作，但是每个自由团体（包括党在内）同样有权自由赶走利用党的招牌来鼓吹反党观点的人。至于所谓绝对写作自由，不过是空话而已，为千千万万劳动人民而写作，才是真正自由的写作。

——《列宁全集》第 12 卷第 92～97 页

《社会主义和无政府主义》

全文约 2000 字。列宁写于 1905 年 11 月 24 日，11 月 25 日发表于《新生活报》上。

1905 年 11 月 23 日，工人代表苏维埃执行委员会拒绝无政府主义者提出的关于准许他们的代表参加执委会和工人代表苏维埃的决定。为了进一步从理论上论述社会主义同无政府主义间的根本区别，为革命指明方向，列宁写了此文。

列宁高度评价了这个决定，认为它具有重大的原则意义和实际政治意义。因为无政府主义者不承认政治斗争是达到自己理想的手段，它又不属于任何政党，而工人代表苏维埃不是议会，而是有一定目标的战斗组织。

列宁指出，在社会主义和无政府主义之间横着一道鸿沟。无政府主义者的世界观是改头换面的资产阶级世界观，他们的个人主义理论和理想是与社会主义背道而驰的。他们那种否认政治斗争策略，只能分裂无产者，把无产者变成参加某种资产阶级政治的人。对工人来说，完全回避政治是不可能的，也是做不到的。所以，无政府主义者参加我们的队伍，非但无益，而且有害。从俄国民主革命利益出发，把无政府主义者排除在我们的战斗组织之外，是完全必要的。列宁说，在当前的俄国革命中，团结无产阶级力量，组织无产阶级以及对工人进行政治教育和训练的任务就急切地被提出来了。我们必须采用一切思想斗争的方法，使无政府主义者对工人的影响像以前那样微不足道。

这篇文章为革命者进一步认清无政府主义者的实质起到巨大作用。

——《列宁全集》第 12 卷第 119～122 页

《俄国革命和无产阶级的任务》

全文约 6100 字。列宁写于 1906 年 3 月 20 日，同日载于《党内消息报》上。

俄国 1905 年 12 月武装起义失败后，摆在社会民主党人面前的根本任务是怎样去认识俄国民主革命的形势。为了解决这个根本问题，以制定社会民主党的正确政策和策略，并为即将召开的党的代表大会作好理论上的准备，列宁写了这篇文章。

全文共分三部分。第一部分，列宁首先论述了在目前革命的困难关头，应该时刻记住马克思对 1848 年德国革命的态度，不能用空泛的词句来回避对客观情况的分析，而应从客观实际出发，对革命作出明确的回答。他指出，一个不能明确回答这个问题的政党，就不配称作政党。第二部分，列宁详细地分析了哪些客观材料可以解答这个根本问题。第三部分，列宁明确地提出了这个问题的答案：或者我们应当承认民主革命已经完结，放弃武装斗争，走"立宪"的道路；或者我们承认民主革命还在继续，把完成民主革命的任务放到首要地位，宣传并在实际中运用起义的革命口号，公开宣布进行国内革命战争，丢掉一切立宪幻想。列宁明确指出，我们的答案是后一种，唯有走武装斗争夺取政权的道路，才能保证民主革命的胜利和人民的真正自由。这就是当前俄国革命的形势：民主革命在继续，新的更高的直接革命斗争形式不可避免，即武装夺取政权，建立革命政府。

——《列宁全集》第 12 卷第 188～199 页

《莫斯科起义的教训》

全文约 5400 字。列宁写于 1906 年。

杜马解散以后，沙皇政府一面对革命进行残酷的镇压，一面玩弄召开"国家杜马"的骗术，布尔什维克和孟什维克之间，围绕着如何对待 1905 年 12 月起义的问题也展开了激烈的斗争。为此，列宁写了这篇文章。

在文章中，列宁总结了莫斯科起义的三个教训。列宁指出，莫斯科起义给我们的第一个教训就是，对武装起义的认识落后于形势。莫斯科起义说明，总罢工作为独立的和主要的斗争形式已经过时，武装起义已经提到日程上来，要组织群众进行武装斗争。第二个教训就是在起义关头，没能很好地执行争取军队的任务。列宁指出，革命是群众性的斗争，如果不把军队包括在内，那就谈不上什么严重的斗争。因此，无产阶级的革命组织，必须对军队进行工作，不仅要注意从思想上影响，在起义关头还需要进行肉体斗争争取军队。只有这样，才能获得起义的胜利。第三个教训是关于起义的战术和起义的组织力量。列宁分析了起义的街垒战术，肯定了群众斗争所创造的新经验，同时指出，必须把它推广到群众中去，并在斗争实践中进一步发展和创造。

在这篇文章的最后，列宁向全党提出了新的战斗任务，号召全党正确分析革命形势，团结更多的无产阶级、农民和军队，坚持武装斗争，发扬视死如归的革命精神，加强斗争的组织工作，做好瓦解敌军的工作，迎接新的全俄起义的到来。

——《列宁全集》第 13 卷第 365～372 页

《孟什维克主义的危机》

全文约 1.6 万字。列宁写于 1906 年 12 月，载于 1906 年 12 月 7 日《无产者报》上。

俄国社会民主工党第四次代表大会在形式上实现了党的统一，但实际上，布尔什维克和孟什维克之间在许多重大问题上存在着严重分歧。孟什维克的负责代表拉林撰写了一本小册子，宣扬同立宪民主党人在杜马选举中结盟和召开非党工人代表大会等错误观点。为了批判拉林的这些错误观点，阐述布尔什维克的观点，列宁写了本文。

全文共四章。第一章论述了俄国农村和武装斗争的问题。针对拉林提出的"俄国农村不会平静下来"的观点，文章指出：俄国现实革命的结局确实取决于农民在革命斗争中的坚定性，因为现实俄国革命不是传统意义上的资产阶级革命，大资产阶级已经背叛了革命，现实革命是无产阶级联合农民的民主主义革命，革命的结局取决于无产阶级和农民的联合斗争；现实俄国农村的阶级斗争、政治斗争十分复杂，不能根据很少的材料作出农村不会平静的结论。文章接着针对拉林的"俄国革命不是起义的道路"的观点指出：拉林的论点是对事实的嘲笑，俄国两个重要时期（十月时期、杜马时期）表明的正是起义的道路；拉林泛泛谈论美国和波兰的起义，而根本不想研究和指出俄国起义的特点，因而他就重犯了孟什维克主义的"犹豫不定和谨小慎微的"根本性错误。文章认为，拉林一方面承认俄国农村有骚动、有小规模斗争；另一方面又不承认在此基础上发展出的武装起义，不是不善于思考就是思考得不对头。

第二章论述了无产阶级的成长过程。针对拉林指责俄国革命的自发性和无计划性，文章指出毫无疑问和无可争辩的事实是，各国工人阶级随着资产阶级民主主义革命和社会主义革命经验的积累，正在成长、发展、组织起来，工人阶级正在从自发性走向计划性，从仅仅领导各阶级的情绪走向领导各阶级的客观地位，从爆发走向持久斗争。文章认为，这种无产阶级革命的发展过程，不仅适用于英国、法国和德国，而且适用于20世纪的俄国。文章在批判拉林的"社会民主党应是有计划的政治行动的党"的观点时指出：拉林赞赏的是合法斗争的计划性，他咒骂的是为夺取政权而斗争的自发性；马克思主义者并不禁忌合法斗争、议会活动和"有计划"地服从反动派所规定的一定工作范围，但马克思主义者在利用任何基础，甚至反动的基础来为革命进行斗争时，都不会堕落到吹捧反动派的地步，都不会忘记直接的革命斗争。

第三章论述了革命和革命的机关之间的关系问题。文章指出，任何斗争都要求有相应的机关，当议会斗争成为主要斗争形式时，从事议会斗争的机关必然会在党内得到加强，而当政治罢工和武装起义成为主要斗争形式时，无产阶级就需要有为这些斗争服务的机关。此外，文章还批判了拉林要求召开非党工人代表大会的主张，认为这完全是机会主义的卑微冒险，因为这将使大量的小资产者涌入党内，给党带来纠纷、混乱和分裂。

第四章论述了革命策略问题。文章回顾布尔什维克和孟什维克围绕革命策略问题展开斗争的历史，认为孟什维克有一种蜕变为官场习气的底蕴。文章指出，他们对进一步革命的可能性毫无信心，害怕承认革命暂时的失败，他们对残缺不全的宪法以及和平的法制有一种自发的怀念，他们似乎是来自革命界的对反动派的客观辩护。

文章还正面阐述了布尔什维克的策略观点，指出：我们反对自由派的一切变节和卑劣行为，反对小资产阶级的动摇性；我们坚持直接革命的道路，直到这条道路走不通的时候，才最后一个离开它；我们转入议会斗争时，也不和立宪民主党人结盟，保持党的独立性，准备迎接新的革命高潮的到来。

——《列宁全集》第 14 卷第 147～171 页

《〈约·菲·贝克尔、约·狄慈根、弗·恩格斯、卡尔·马克思等致弗·阿·左尔格等书信集〉俄译本序言》

全文约 1.4 万字。列宁写于 1907 年。

1905 年俄国十二月莫斯科武装起义失败后，沙皇政府一方面加紧对革命的镇压，另一方面用议会道路引诱人民离开革命。孟什维克被沙皇政府的镇压吓得惊慌失措，开始醉心于由沙皇政府召开的国家杜马，竭力反对武装革命斗争。与此同时，孟什维克还歪曲马克思和恩格斯对国际工人运动的重要指示，鼓吹建立一个有小资产阶级和无政府主义者参加的所谓的"广泛的工人党"，来代替俄国社会民主党。为了批判孟什维克的右倾机会主义观点，帮助俄国工人阶级从马克思、恩格斯的书信中得到有益的启示，列宁为书信集的俄译本写了这篇序言。

全文共两大章。第一章论述了马克思、恩格斯对英国、美国和德国工人运动的指示，批判了俄国的孟什维克主义。文章首先把马克思、恩格斯对英美工人运动和德国工人运动的指示作了比较，说明革命导师善于根据不同的政治经济条件和不同国家的工人运动发展的不同阶段，强调问题的不同方面和确定无产阶级的战斗任务。文章接着批判了孟什维克借用马克思、恩格斯分析英美工人运动得出的结论为他们在俄国建立"广泛的工人政党"辩护的行为。列宁指出：这里一点也找不到从社会民主党跳到无党派工人代表大会等主张作辩护的东西，因为英美工人运动有它自己的特点，如果谁忘了当时英美的具体条件，而把从中得出的结论搬到条件完全不同的俄国，那就是对马克思的历史方法的侮辱。文章还从马克思、恩格斯的书信中摘引大量材料，证明两位革命导师在指导德国工人运动中，始终进行反对党内机会主义的斗争。

第二章是对党内知识分子机会主义派的评价。文章以马克思、恩格斯对德国工人运动的评述为武器，批判了俄国社会民主党内出现的机会主义议会迷和庸俗改良主义的观点。列宁指出：马克思、恩格斯对英美和对德国工人运动的指示是不同的，他们总是号召英美社会党人同工人运动打成一片，铲除自己组织中狭隘的宗派主义精神；他们总是教导德国社会民主党人不要陷入庸俗观点、"议会迷"和市侩知识分子机会主义泥坑。但俄国的孟什维克只提前一种教导而不谈后一种教导。

文章接着指出，在资产阶级民主革命还没有完成的国家，在被议会形式粉饰门面的军事专制国家，在无产阶级早已参加政治斗争的国家，马克思和恩格斯最怕的是用议会和庸人观点缩小工人运动的任务和规模并使之庸俗化。文章认为在俄国资产阶级民主革命时代，应当把马克思这一方面的教导放在首位，因为俄国的资产阶级和孟什维克为了他们的经济利益，正在拼命鼓吹早已被马克思、恩格斯无情批判的议会主义、合法精神和"谦恭态度"。

文章最后概述了马克思和恩格斯对俄国革命的热情期望，并号召俄国工人阶级要充满革命必胜的信心，用革命行动争得自由，推动欧洲革命胜利前进。

——《列宁全集》第 15 卷第 196～216 页

《唯物主义和经验批判主义》

全文约 30 万字。列宁写于 1908 年。

俄国 1905 年革命失败后，进入了斯托雷平反动时期。沙皇政府同一切反动势力结成同盟，对革命力量在政治上采取高压政策的同时，在思想战线上也展开了进攻。革命失败后的白色恐怖引起了俄国国内阶级阵线的动荡、分化和改组。资产阶级立宪民主党公开向沙皇妥协投降。社会民主党内出现了以列宁为代表的革命路线，同以取消派和召回派为代表的机会主义路线的激烈斗争。当时一些自称为马克思主义者的人们联合起来向马克思主义发动了猖狂进攻，企图用马赫主义"修正"马克思主义哲学。在国际上，第二国际修正主义者在政治上鼓吹改良主义，在哲学上妄图用新康德主义代替马克思主义哲学。在自然科学领域，由于 19 世纪末 20 世纪初物理学中一系列最新发现，两条认识路线的斗争也极为尖锐。为彻底揭露和粉碎资产阶级和修正主义对马克思主义哲学的猖狂进攻，捍卫党的理论基础，教育无产阶级及其政党布尔什维克坚定马克思主义世界观，迎接新的革命高潮，列宁在侨居日内瓦最困难的条件下，进行了理论研究，写出了这部哲学著作。

在"代绪论"中，列宁揭露了俄国修正主义哲学的理论来源是贝克莱的主观唯心主义。首先，列宁揭露了俄国马赫主义攻击马克思主义哲学的手法和论据：他们装作只反对一个唯物主义者普列汉诺夫，实际上反对整个唯物主义路线，用"最新的"实证论和自然科学的旗号来掩饰其唯心主义实质，攻击唯物主义承认"自在之物"是神秘主义和康德主义。其次，通过引述贝克莱的著作，揭露俄国马赫主义不过是贝克莱主义的翻版。列宁指出，俄国马赫主义否认物质客观实在性的观点来源于贝克莱的"物是观念的集合"、"存在就是被感知"、"对象和感觉是同一个东西"等主观唯心主义的基本思想；俄国马赫主义攻击唯物主义的物质概念是"无"，犯了"世界二重化的错误"，完全是重弹贝克莱的老调，俄国马赫主义用以反对辩证唯物主义反映论的"经验符号论"是剽窃贝克莱的"自然符号论"。最后，列宁通过引述各派哲学家的观点，阐明了唯物主义同唯心主义两条哲学基本路线的对立。

通过历史考证，列宁认为可以作出这样的结论：俄国马赫主义在1908年当做"最新哲学"来推销的马赫主义，完全是从200年前老牌主观唯心主义者贝克莱那里捡来的破烂，俄国马赫主义者瓦连廷诺夫之流极力掩盖他们同贝克莱的血缘关系，只能是欲盖弥彰。

列宁在第一章"经验批判主义的认识论和辩证唯物主义的认识论（一）"中，从哲学基本问题的第一个方面（即物质和精神何者为第一性的问题），考察了马赫主义认识论主观唯心主义的基本前提，揭露了马赫主义的种种伪装及其折中手法，批判了马赫主义反科学的哲学蒙昧主义和唯我论的实质，反复比较了哲学上两条基本路线的根本对立，阐明了辩证唯物主义关于物质第一性、意识第二性的基本原理。

在第一节"感觉和感觉的复合"中，列宁分析和批判了马赫和阿芬那留斯在早期著作中关于认识论基本前提的论述，阐明了哲学上两条基本路线的根本对立，划清了唯物主义感觉论与唯心主义感觉论的界限，从而揭露了俄国修正主义者妄图把马赫主义和马克思主义"结合"起来的险恶用心。

在论述中，首先，列宁考察了马赫哲学的基本前提，指出：马赫在早期著作中公然宣称的"物是感觉的复合"的观点，是主观唯心主义认识论的基本出发点，从这个前提出发必然导致纯粹唯我论，因此与马克思、恩格斯一贯坚持的唯物主义观点是根本对立的。其次，列宁揭露了阿芬那留斯哲学的主观唯心主义出发点，进一步论证了感觉的本质和作用。最后，列宁通过揭露英法马赫主义者的唯心主义观点，进一步证明了马赫主义哲学的基本前提是主观唯心主义。在分析和批判中，列宁着力阐发了恩格斯关于划分哲学派别的基本观点，指出：从物到感觉和思想，还是从思想和感觉到物，是唯物主义和唯心主义根本对立的两条哲学基本路线。

在第二节"世界要素的发现"中，列宁揭露和批判了马赫主义"要素说"的唯心主义本质及其折中主义的诡辩手法。首先，列宁揭露"要素说"是妄图用客观术语来掩饰唯我论真面目的主观唯心主义。马赫在他晚期著作中诡称"要素"是"中性"的（既是物理的，又是心理的），要人相信他的"要素说"既承认物质，又承认精神，是"超越"唯物主义与唯心主义对立的"全面性"的哲学。列宁批判时指出，马赫的"要素说"绝不是什么新东西，只不过是彼此相反的哲学观点的杂乱的混合。其次，列宁分析了波格丹诺夫陷入马赫主义的思想根源，深刻地揭露了马赫主义哲学是典型的折中主义。俄国的波格丹诺夫完全接受了马赫主义的基本观点，却不承认自己是一个马赫主义者，他诡辩说，从马赫那里采纳的只有关于经验要素的中立性这一点。列宁敏锐地指出，波格丹诺夫采纳的这一点，正是马赫主义哲学的基本错误。波格丹诺夫没有认清马赫主义最初的基本前提，因而就看不到他们后来偷用唯物主义的非法性和折中性。马赫和阿芬那留斯在他们的哲学中把唯心主义的基本前提与唯物主义的个别结论混在一起，正是恩格斯贬称的折中主义残羹剩汁的典型。

在第三节"原则同格和'素朴实在论'"中，列宁揭露和批判了"原则同格"的唯心主义实质及其诡辩手法，阐明了它与人们自发的唯物主义观点的对立。"原则同格论"主张"自我"（主体、意识）和环境（客体、物）是处在不可分割的

"同格"（即相互关联）中，企图用它来冒充"素朴实在论"。列宁指出，"原则同格论"同普通人的"素朴实在论"是根本对立的。"素朴实在论"认为：物、环境、世界是不依赖于我们的感觉、意识、自我和任何人而存在的，我们的感觉和意识只是外部世界的映象；没有被反映者，就不能有反映，被反映者是不依赖于反映者而存在的。唯物主义者自觉地把人类的素朴的信念作为自己的认识论基础。最后，列宁引证了一些唯心主义哲学家的评论，说明"原则同格论"的唯心主义本质是哲学界所公认的。

在第四节"在人类出现以前自然界是否存在？"中，列宁揭露了马赫主义同自然科学的矛盾及其为调和这种矛盾所作的诡辩，同时论证了唯物主义和自然科学的一致性。首先，列宁指出：自然科学肯定地认为，在地球上没有也不可能有人类和任何生物的状况下，地球就已经存在了，有机物是后来长期发展的结果。自然科学的成果，有力地否定了马赫主义关于"物是感觉的复合"和"原则同格"等谬论，证明了唯物主义认识论的基本前提，即"物质是第一性的，思想、意识、感觉是物质高度发展的产物"。其次，列宁批判了三个马赫主义者为了克服自己的理论同自然科学的矛盾所作的种种诡辩，指出：无论是阿芬那留斯的"潜在中心项"，还是彼得楚尔特的"一义规定性"规律，或是维利的"蛆虫说"和"一瞬间"等谬论，都不仅不能解决马赫主义同自然科学的矛盾，反而更加暴露出马赫主义哲学的唯心主义和蒙昧主义的真面目。最后，列宁揭露和批判了俄国马赫主义者巴札罗夫之流，在解决唯人类出现以前地球是否存在的问题时所玩弄的诡辩，痛斥了俄国马赫主义者的思想混乱及其在哲学上的无知。

在第五节"人是否用头脑思想？"中，列宁揭露和批判了阿芬那留斯"嵌入说"的唯心主义本质，阐明了思维和意识是人脑的产物这一唯物主义反映论原理。列宁首先驳斥了巴札罗夫掩盖马赫主义反对思想是头脑的机能的谎言。阿芬那留斯捏造了一个"嵌入说"，鼓吹用头脑思维就是把思想、感觉放到头脑中去，是不能容忍的"嵌入"，必然导致唯心主义。列宁指出，"嵌入说"的实质在于否认思想是头脑的机能，头脑是思维的器官，反对唯物主义的基本原理和否定生理学的最起码的常识。其目的是为了维护和巩固马赫主义的"要素说"和"原则同格论"，因而并没有离开唯心主义的基本前提。如果思想、感觉放到头脑中去，是不能容忍的"嵌入"，必然导致唯心主义。如果思想、感觉可以不要头脑而存在，那么精神、灵魂也可以离开肉体而独立存在。这种"无头脑的哲学"，实际上是为灵魂不死辩护，是十足的宗教神秘主义。波格丹诺夫把阿芬那留斯的这种谬论看成是"超出唯物主义和唯心主义之外的真理"，这正暴露出马赫主义是道道地地的折中主义。

在第六节"关于马赫和阿芬那留斯的唯我论"中，列宁对全章作了总结，从哲学上两条基本路线的高度，揭露了马赫主义唯我论的实质，驳斥了波格丹诺夫一伙为马赫主义进行的辩护。列宁通过上述批判对马赫主义哲学作了重要的结论：经验批判主义哲学的出发点和基本前提是主观唯心主义；世界是我们的感觉就是它的基本前提，这个前提虽然被"要素"这个字眼以及"独立系列"、"同格"、"嵌入"理论掩盖着，但并不因此有丝毫改变；这种哲学的荒谬就在于：它导致唯我论，认为只有一个高谈哲理的个人才是存在的。列宁的结论击中了马赫主义的要害。

在第二章"经验批判主义的认识论和辩证唯物主义的认识论（二）"中，列宁着重从哲学基本问题的第二个方面（即世界是否可认识的问题），进一步揭示了辩证唯物主义认识论和马赫主义认识论的根本对立，驳斥了俄国马赫主义对辩证唯物主义的世界可知性理论的歪曲和攻击，深刻阐明和发展了辩证唯物主义的反映论原理。

在第一节"'自在之物'或切尔诺夫对恩格斯的驳斥"中，列宁批判了俄国马赫主义者切尔诺夫对恩格斯关于自在之物的客观性和可知性观点的歪曲，揭露了切尔诺夫把马克思和恩格斯对立起来，深刻地阐明了辩证唯物主义认识论的三个重要结论。这三个重要结论是列宁从恩格斯对康德和休谟的不可知论的批判中作进一步的抽象而获得的，其要点是：①物是不依赖于我们的意识、我们的感觉而在我们之外存在着；②在现象和自在之物之间绝没有而且也不可能有任何原则的差别，差别只存在于已经认识的东西和尚未认识的东西之间；③在认识论上和在科学的其他一切领域中一样，我们应该辩证地思考，不要以为我们的认识是一成不变的，而要去分析怎样从不知到知，怎样从不完全的不确切的知识到比较完全比较确切的知识。这个结论是由人在实践中得出来的，唯物主义则自觉地把这个结论作为自己认识论的基础。

在第二节唯"论'超越'或弗·巴札罗夫对恩格斯学说的修改"中，列宁首先引进了恩格斯对休谟不可知论的批判，阐明了唯物主义和不可知论两条哲学路线的对立。列宁指出，唯物主义路线主张感觉可以给我们提供物的正确定位，使我们知道这些物的本身，外部世界能够作用于我们的感觉器官；不可知论的路线则不超出感觉、停留在现象的表面，不承认在感觉的界限之外有任何确实可靠的东西。对不可知论只有实践可以把它驳倒。当我们按照对某物的认识去利用它，并达到预期的效果时，就证明我们的认识是正确的；相反则是错误的。人类社会实践证明，感性知觉和外部世界之间没有天生的不一致。其次，列宁对巴札罗夫"修改"恩格斯观点的卑劣手法作了批判，指出巴札罗夫"修改"的目的是为了把"超越"的胡说强加给恩格斯，把恩格斯说成是唯心主义者和不可知论者。

在第三节"费尔巴哈和约·狄慈根论自在之物"中，列宁引证费尔巴哈和约·狄慈根关于"自在之物"及其不可知性的论述，说明承认客观世界的存在及其可知性，是一切唯物主义坚持的基本观点。费尔巴哈认为，自在世界是离开我们而存在的世界，是完全可以认识的，从现象世界到自在世界之间绝没有不可逾越的鸿沟。约·狄慈根认为自在世界和显现世界的差别是整体和部分的差别，它们之间没有不一致，把现象和真理

089

变成两个彼此完全地（根本地、原则地）不同的东西是错误的。俄国马赫主义者波格丹诺夫攻击唯物主义者是守着"泛心论和泛物论"之间的"中庸之道"，列宁认为是极其荒谬的。

在第四节"有没有客观真理？"中，列宁首先批判了波格丹诺夫的唯心主义真理观。波格丹诺夫认为真理只是"思想形式"，是"人类经验的组织形式"。列宁指出，这种观点完全否认了真理的客观内容，否认了地球存在于人类之前这个为自然科学证明了的无可怀疑的客观真理。其次，列宁指出波格丹诺夫否认客观真理不是偶然的，而是追随整个马赫主义的必然结果。波格丹诺夫之流从感觉出发，否定感觉和经验的客观源泉，必然导致对客观真理的否定。最后，列宁针对马赫主义攻击唯物主义坚持"陈腐"的物质概念的谬论，指出马赫主义的错误还在于把关于物质构造的理论同认识论的范畴（即知识的客观源泉的问题）混淆起来了。然而，无论自然科学发现了什么新元素，它们都是人们所感知的客观存在，标志这种客观实在的哲学概念就是物质。这个物质范畴在任何时候也不会陈腐的。

在第五节"绝对真理和相对真理，或论波格丹诺夫所发现的恩格斯的折中主义"中，列宁批判了波格丹诺夫的相对主义真理观，阐明了绝对真理和相对真理的辩证关系。首先，他批判了波格丹诺夫诬蔑恩格斯为折中主义的谬论，揭露了波格丹诺夫的无知。列宁从恩格斯和狄慈根的论述中得出结论：在辩证唯物主义看来，相对真理和绝对真理之间没有不可逾越的鸿沟，任何真理都是有条件的相对性和无条件的绝对性的辩证统一。其次，列宁批判了马赫主义的相对主义，阐明了辩证法和相对主义的区别。他说，唯物辩证法无疑地包含着相对主义，可是它并不归结为相对主义。因为，它不是在否定客观真理的意义上，而是在我们的知识向客观真理接近的界限受历史条件制约的意义上，承认我们一切知识的相对性。

在第六节"认识论中的实践标准"中，列宁批判了马赫主义把实践排除在认识论之外的谬论，阐明了实践观点在辩证唯物主义认识论的作用。列宁首先指出，马克思和恩格斯从来都把实践标准作为唯物主义认识论的基础；马赫主义则把实践排除在科学与认识之外，从而取消了区分真理和谬误的客观标准。其次，列宁主张：生活、实践的观点，应该是认识论的首要的和基本的观点；实践作为检验认识的标准，既是确定的，又是不确定的。再次，列宁强调指出，马克思主义理论是被实践证明了的客观真理，遵循着马克思的理论的道路前进，我们将越来越接近客观真理，但决不会穷尽它。

在第三章"辩证唯物主义的认识论和经验批判主义的认识论（三）"中，列宁考察了辩证唯物主义和经验批判主义在世界的本质、规律、时间和空间，以及自由和必然等问题上的根本分歧，深入地批判了马赫主义，进一步阐明了辩证唯物主义认识论原理。

在第一节"什么是物质？什么是经验？"中，首先，列宁揭露了马赫主义的唯心主义物质观，阐明了科学的物质定义。

唯物主义的物质定义是：物质是作用于我们的感官而引起感觉的东西，物质是我们通过感觉感知的客观实在等。其次，列宁揭露了马赫主义玩弄"经验"一词的唯心本质，指明了在经验问题上两条路线的对立。列宁说，马赫主义者用来作为其体系的基础的"经验"一词，老早就在掩蔽各种唯心主义体系了，现在它又被阿芬那留斯之流用来为往返于唯心主义立场和唯物主义立场之间的折中主义服务。不论对"经验"概念作如何的解释，都只是表现着哲学上的两条基本路线。

在第二节"普列汉诺夫对经验，概念的错误理解"中，列宁批判普列汉诺夫由于对"经验"概念的错误理解而混淆了哲学上的两条基本路线。普列汉诺夫认为，把"经验"看作是"认识的手段"的是唯心主义，把"经验"看作是"认识对象"就是唯物主义。列宁指出，在"经验"这个字眼下，无疑地可以隐藏哲学上的唯物主义路线和唯心主义路线，同样也可以隐藏休谟主义路线和康德主义路线。普列汉诺夫没有看到问题的本质，这就必然混淆两条哲学路线的界限。

在第三节"自然界中的因果性和必然性"中，列宁首先引证费尔巴哈、恩格斯和狄慈根的有关论述，阐明了唯物主义的基本观点。列宁反复强调说：承认自然界的客观规律性和这个规律性在人脑中的近似正确的反映，就是唯物主义。其次，批判了马赫主义在因果性、必然性问题上的唯心主义和不可知论。他分析了马赫等人的错误观点，指出，承认自然界的必然性，并从中引出思维的必然性，这是唯物主义；相反，从思维中引出必然性、因果性、规律性等，这是唯心主义。最后，他揭露了俄国马赫主义者在"新"的名词、术语的掩盖下，重复康德和休谟否认规律客观性的谬论。

在第四节"'思维经济原则'和'世界的统一性'问题"中，首先批判了马赫主义的"思维经济原则"的主观唯心主义实质。列宁指出，思维经济原则是在新的伪装下偷运主观唯心主义，因为马赫和阿芬那留斯为了思维经济，宣布一切因果性和物质都被废弃了，只有感觉才是存在的。辩证唯物主义则认为，只有人的思维在正确地反映客观真理的时候才是"经济的"，实践是衡量这个正确性的准绳。其次，为批判思维经济原则，列宁引述了恩格斯的论断唯——世界的真正的统一性是在于它的物质性，并进一步指出：唯心主义从思维中推论出世界的统一性，认为世界统一于精神；唯物主义则从物质的客观实在中推论世界的统一性，认为世界统一于物质。

在第五节"空间和时间"中，首先，列宁引证费尔巴哈和恩格斯的论述，深刻地阐明了唯物主义的时空观。他指出：唯物主义既然承认客观实在即运动着的物质不依赖于我们的意识而存在，也就必然要承认时间和空间的客观实在性，因为空间和时间是存在的根本条件。人们头脑中的时空观念是相对的、可变的，但是人类的时空观念的可变性不能推翻空间和时间的客观实在性。其次，列宁对马赫主义的时空观及其诡辩手法作了批判。最后，列宁驳斥巴札罗夫对恩格斯唯物主义时空观的歪曲和攻击，揭露了俄国马赫主义鼓吹唯心主义时空观的荒谬性。

在第六节"自由和必然"中，首先，列宁揭露了俄国马赫主义对恩格斯观点的歪曲，阐明了恩格斯关于自由和必然的关系的基本原理。列宁对恩格斯的有关论述作了分析，认为恩格斯一开始就承认自然规律的客观性，主张自然界的必然性是第一性的，人的意识是第二性的，承认自然界尚存在未被认识的盲目必然性，但终究会转化为已被认识的为我的必然性，转化的基础是人类的实践。因此，恩格斯的上述观点完全是建立在辩证唯物主义认识论的基础之上的。同时，列宁批判了马赫在自由和必然的关系问题上所宣扬的不可知论和唯意志论的观点。

在第四章"作为经验批判主义的战友和继承者的哲学唯心主义者"中，列宁通过考察马赫主义的历史发展及其同其他哲学派别的相互关系，进一步揭露了马赫主义的唯心主义实质，确定了它在现代资产阶级哲学中的地位。

在第一节"从左边和右边对康德主义的批判"中，列宁首先考察了马赫主义同康德哲学的关系，指出：马赫和阿芬那留斯都是从康德哲学出发，然后走向贝克莱和休谟的，也即走向更彻底的唯心论和更纯粹的不可知论。其次，列宁揭露了俄国马赫主义者歪曲普列汉诺夫对康德哲学的批判，暴露出他们对康德和德国古典哲学全部发展过程的惊人的无知。列宁指出：康德哲学的基本特征是调和唯物主义和唯心主义，因而受到了来自左的和右的，即来自唯物主义和唯心主义以及不可知论两个方面的批判。

在第二节"'经验符号论者'尤什凯维奇怎样嘲笑'经验批判主义者'切尔诺夫"中，列宁批判了尤什凯维奇妄图把马赫主义同不可知论对立起来的谬论，揭露了马赫主义是休谟主义的后代，是整个实证论的一个流派。列宁指出：康德和休谟的混合物或休谟和贝克莱的混合物，本质上是折中主义的混合物，这种混合会有各种不同的比例。

在第三节"内在论者是马赫和阿芬那留斯的战友"中，列宁引证马赫主义者与内在论者的相互吹捧，证明他们是站在同一条战线上反对唯物主义的亲密战友。他深刻地揭露了内在论哲学的反动本质：内在论者是反动透顶的反动派，信仰主义的公开说教者，彻头彻尾的蒙昧主义者。马赫主义在理论上和内在论者有着血缘关系，他们认识论的基本出发点，都是贝克莱的主观唯心主义和休谟的不可知论，因而他们必然要成为亲密的战友。只有俄国马赫主义者，才企图掩盖内在论的唯心主义和作为信仰主义奴仆的反动本质。

在第四节"经验批判主义往哪里发展"中，列宁考察了马赫主义的发展情况，揭示了马赫主义整个流派向更加反动的唯心主义和宗教信仰主义发展的趋势。列宁认为，经验批判主义是个发展着的东西，了解它朝哪个方向发展的事实，要比冗长的议论更有助于认清它的本质。

在第五节"波格丹诺夫的'经验一元论'"中，列宁首先批判了波格丹诺夫的经验一元论。经验一元论宣扬整个世界是一条发展着的锁链，即要素的混沌世界、心理经验、物理经验和意识的不断"代换"。这种观点的唯心主义实质在于，把心理的东西作为最初的出发点，从心理的东西引出自然界，然后再从自然界引出普通人的意识。其次，列宁分析了波格丹诺夫哲学的演变过程及其发展前途，认为他离辩证唯物主义是越来越远了，只有彻底抛弃唯心主义的出发点，才能同自然科学和唯物主义相符合。

在第六节"'符号论'（或象形文字论）和对赫尔姆霍茨的批判"中，列宁分析了对"符号论"两种不同的批判，以此揭露巴札罗夫在批判"符号论"的幌子下偷运马赫主义的实质。列宁指出，普列汉诺夫的"象形文字"的用语是不确切的，记号、符号和象形文字是一些带有完全不必要的不可知论成分的概念。巴札罗夫却借普列汉诺夫的"象形文字论"来反对唯物主义反映论，贩卖主观唯心主义，并把恩格斯歪曲成为思维和存在等同论者。

在第七节"对杜林的两种批判"中，首先列宁揭露了俄国马赫主义者对恩格斯批判庸俗唯物主义观点的歪曲，阐述了辩证唯物主义和一切旧唯物主义的原则区别。他指出，马克思和恩格斯是根据辩证唯物主义而不是休谟主义或贝克莱主义，来批判不好的唯物主义及其局限性的。列宁还从对杜林哲学的两种批判，来证明辩证唯物主义同马赫主义是根本对立的。马克思和恩格斯批判旧唯物主义，是为了向前发展唯物主义；马赫主义批判杜林哲学，则是从右边批判杜林哲学的唯物主义成分，在哲学上开倒车，退到康德主义、休谟主义和贝克莱主义那里去。

在第八节"约·狄慈根为什么会为反动哲学家喜欢"中，列宁分析了对狄慈根哲学的两种不同的态度，批判了俄国马赫主义对马克思主义的背叛。列宁指出，狄慈根是独立地发现辩证唯物主义的工人哲学家。他的哲学思想中存在着一些模糊和混乱之处。俄国马赫主义者抓住狄慈根的个别错误不放，完全忽视他的唯物主义基本立场，有意制造混乱，以此攻击整个唯物主义。列宁警告说，从马克思到"狄慈根主义"和"马赫主义"的道路，是一条通向泥潭的道路。

在第五章"最近的自然科学革命和哲学唯心主义"中，列宁分析了19世纪末20世纪初物理学革命及其意义，批判了马赫主义同物理学唯心主义的联系，揭示了经验批判主义是"最新自然科学哲学"的假面貌，以及物理学唯心主义产生的认识论根源，阐明了自然科学发展历程中，辩证唯物主义代替形而上学唯物主义的必然性。

在第一节"现代物理学的危机"中，列宁分析和批判了所谓现代物理学的危机的谬论。彭加勒明确提出了危机说，认为镭的发现推翻了能量守恒定律，电子论推翻了质量守恒定律，物理学旧原理普遍毁灭了，怀疑时期已到来了。列宁批评道，现代物理学危机的实质就是旧定律和基本原理被推翻，意识之外的客观实在被抛弃，唯物主义被唯心主义和不可知论代替了。莱伊把现代物理学家的认识论倾向分为三派。列宁认为，实际只有两大哲学基本派别，所谓新机械论派就是唯物主义学派，而唯能派或概念论以及批判学派则是唯心主义学派。

在第二节"物质消失了"中，列宁批驳了马赫主义者宣扬"物质消失了"的谬论，及其对唯物主义的攻击。列宁认为，物理学家所说的"物质的消失"是指物质构造的问题，意味着旧物理学关于物质结构的认识界限正在消失，是说关于物质特性的形而上学的观点正在消失。至于哲学上所讲的物质是永远不会消失的，因为物质的唯一特性是客观实在性。列宁认为，马赫主义的错误在于他们不懂得唯物主义的基本原理，不懂得形而上学唯物主义和辩证唯物主义的区别。新物理学陷入唯心主义，主要是因为物理学家不懂得辩证法。他们在反对形而上学唯物主义的片面性的时候，竟把唯物主义的基础也反掉了。

在第三节"没有物质的运动是可想象的吗"中，列宁批驳了马赫主义和现代物理学唯心主义关于"没有物质的运动"的谬论，阐明了辩证唯物主义关于运动和物质不可分离的重要原理，揭露和批判了唯能论的错误。列宁一开始就指出，马赫主义和物理学唯心主义是利用自然科学的最新发现为其唯心主义认识路线服务，它们不是强调物理学发现了新的实物和运动，而是企图想象没有物质的运动，从而把物质消灭掉，把唯物主义推翻。辩证唯物主义则认为，物质和运动是不可分割的，运动是物质的存在方式。唯能论的基本错误就是宣扬没有物质的运动，它是物理学唯心主义的变种。

从第四节至第七节，列宁考察了在英、法、德、俄四国中展开的关于现代物理学问题的哲学论战，说明物理学唯心主义是一种国际思潮，揭穿马赫主义"自然科学的最新哲学"的实质，是与物理学唯心主义紧密联系的，指出了现代物理学中两大派别和哲学上唯物主义和唯心主义两条路线斗争的关系。

在第四节"现代物理学的两个派别和英国唯灵论"中，列宁论述了英国的物理学家李凯尔和唯灵论者华德之间的哲学论战，揭示了现代物理学中两个学派的基本差别，一派承认物理学所反映的是客观物质世界，这是唯物主义的观点；另一派则否认这一点，认为理论不过是经验符号的体系，这是唯心主义的观点。

在第五节"现代物理学的两个派别和德国唯心主义"中，列宁考察了现代物理学中唯物主义和唯心主义两大派别在德国的具体表现：自发唯物主义的代表是赫兹和波尔兹曼，唯心主义的代表是柯亨和哈特曼。从而证明在德国和在英国一样，现代物理学中两个派别的斗争，实质上是哲学认识论上两大路线的斗争。

在第六节"现代物理学的两个派别和法国信仰主义"中，列宁考察了法国马赫主义者彭加勒和半实证论者莱伊关于现代物理学的看法，指出承认唯物主义倾向和唯心主义倾向是划分现代物理学中的两个主要学派的基础。

在第七节"俄国的一个唯心主义物理学家"中，列宁通过揭露和批判俄国唯灵论者洛帕廷对唯心主义物理学家施什金的吹捧，揭示了现代唯心主义思潮在俄国的具体表现。列宁指出，施什金从马赫主义观点出发，把运动和物质分开，否认感觉是运动着的物质的映象等自然科学观点属于新物理学中的马赫主义学派。

在第八节"'物理学'唯心主义的实质和意义"中，列宁对全章作了总结。首先列宁指出，物理学唯心主义的实质是否认或怀疑物质的客观存在，马赫主义在思想上只和现代自然科学的物理学这个部门中的物理学唯心主义有联系，两者的共同点是哲学唯心主义。其次，列宁分析了产生物理学唯心主义的认识论根源，其一是物理学的数学化以及抽象化，其二是物理学知识由于科学新发现而表现出来的相对性。最后，列宁对19世纪末物理学新发现的哲学意义作了科学的总结。他指出，某个新物理学派由于没有能够直接立刻从形而上学唯物主义提高到辩证唯物主义而滚入了反动的哲学中。现代物理学正在走向辩证唯物主义，它是曲折地、自发地走向自然科学的唯一正确的方法和哲学。

在第六章"经验批判主义和历史唯物主义中"，列宁阐明了经验批判主义和历史唯物主义的根本对立，他指出，俄国马赫主义千方百计地企图把辩证唯物主义和历史唯物主义相分割，并力图用经验批判主义代替马克思主义的经济学和社会学的认识论基础，把马赫主义的认识论和历史唯物主义结成一体。列宁在批判经验主义的唯心史观的过程中，论述了历史唯物主义的一系列根本原理，特别是哲学的党性原则。

在第一节"德国经验批判主义者在科学领域中的漫游"

中，列宁揭露了德国经验批判主义者布莱和彼得楚尔特的资产阶级唯心主义社会学观点，驳斥了他们攻击历史唯物主义的陈腐论据，揭穿了俄国马赫主义者所谓马赫主义同历史唯物主义可以"相容"的谎言。布莱攻击马克思主义政治经济学是形而上学，诽谤马克思只强调客观经济规律，否定了个人的作用等。列宁指出，布莱攻击马克思主义的论据绝不是他的独创，完全是马赫主义的老调重弹。彼得楚尔特提出了所谓"趋向稳定"的谬论，他极力鼓吹资产阶级人性论和阶级调和论，反对阶级斗争和暴力革命。列宁认为，布莱、彼得楚尔特和马赫的社会科学观点，无论在认识论上或社会学上，都是用同样诱人的幌子掩盖着同样反动的内容。

在第二节"波格丹诺夫怎样'修正'和'发展'马克思的学说"中，首先，列宁批判了波格丹诺夫宣扬社会意识和社会存在的"等同论"。列宁指出，社会存在和社会意识不是等同的，正如一般存在和一般意识不是等同的一样。波格丹诺夫看不到唯物主义一般原理和历史唯物主义基本原理的内在的不可分割的联系，必然陷入谬误。其次，列宁指出，一般唯物主义认为客观真实的存在不依赖于人的意识、感觉和经验等。历史唯物主义认为社会存在不依赖于人类的社会意识。在这两种场合下，意识都不过是存在的近似正确的反映。马克思主义哲学是由一整块钢铁铸成的，决不能去掉任何一个基本前提、任何一个重要部分，不然就会离开客观真理，就会落入资产阶级反动谬论的怀抱。最后，列宁分析了俄国马赫主义产生的历史特点。俄国马赫主义处于资产阶级哲学已专门从事认识论研究的历史时期，他们想在历史观上当唯物主义者，却不能摆脱认识论的唯心主义，其结果只能是在"上半截"是庸俗的，被唯心主义严重地糟蹋了的历史唯物主义，在"下半截"是用马克思主义的术语和词句装饰打扮起来的唯心主义。因此，现代修正主义在政治经济学、策略问题和一般哲学（认识论和社会学）上表现出来的特征，就是日益巧妙地伪造马克思主义，日益巧妙地把各种反唯物主义的学说装扮成马克思主义。

在第三节"关于苏沃洛夫《社会哲学的基础》"中，列宁批判了俄国马赫主义者苏沃洛夫所捏造的"力的经济规律"的谬论。苏沃洛夫认为，任何一个事物的形成和发展，都是"力的经济规律"在起作用，是力的积蓄大于力的消耗的结果。如果力的消耗超过力的积蓄，它就不可能保存和发展。他认为这是一个普遍起作用的规律，其他规律都不过是这个规律的补充。列宁指出，苏沃洛夫的"力的经济规律"同杜林吹嘘的"普遍规律"一样，是空洞无物的东西；其实质是为了反对马克思主义的阶级斗争学说，鼓吹阶级调和论；"力的经济规律"是为上帝存在辩护的经院哲学。从俄国马赫主义"修正"历史唯物主义的拙劣手法中可以看出，反动的认识论同社会学中的反动挣扎有着不可分割的联系。

在第四节"哲学上的党派和哲学上的无头脑者"中，列宁通过考察马赫主义和宗教的关系，着重阐明了哲学的党性原则，批判了马赫主义所谓超党派的虚伪和反动性。首先，列宁揭示了哲学上的党派斗争，论述了马克思、恩格斯以及约·狄慈根坚持哲学党性原则的鲜明立场，明确指出：唯物主义和唯心主义按实质来说，是两个斗争着的党派，这种斗争归根到底表现着现代社会中敌对阶级的倾向和思想体系。其次，列宁指出，马赫主义者以无党性自夸，而事实上这帮人每时每刻都在陷入唯心主义，同唯物主义进行始终不渝的斗争。最后，列宁为了进一步阐明哲学的党性原则，着重分析了唯物主义和马赫主义与宗教的关系。马赫主义伪装中立，实际上是对宗教卑躬屈膝，马赫主义既然否定我们感觉到的世界的存在，就失去了任何反对信仰主义的武器。只有坚持世界是运动着的物质，人类意识是对独立存在的外部客观世界的反映，宗教信仰主义才没有任何立足余地。

在第五节"海克尔和马赫"中，列宁把马赫的观点和海克尔的观点加以对比，从唯物主义和马赫主义对自然科学的两种截然不同的态度，以及海克尔《宇宙之谜》一书所遭受的围攻，进一步阐明了哲学的党性原则。首先，列宁指出，整个马赫主义是始终攻击、反对自然科学的唯物主义的产物。其次，列宁从海克尔《宇宙之谜》一书引起的"战争"，论述了哲学的党性原则和两条哲学路线斗争的社会意义。

列宁在全书的末尾以"结论"为标题，概述了批判马赫主义哲学的四条基本原则。第一条结论是对一、二、三章的概括。列宁指出，批判马赫主义必须把它的理论基础和辩证唯物主义的理论基石加以比较，从而表明经验批判主义在全部认识论问题上是反动透顶的，它只不过是用些新名词、新术语和诡计掩饰起来的主观唯心主义和不可知论。俄国马赫主义侈谈马赫主义和马克思主义的结合，是对马克思主义的背叛。

第二条结论是对第四章的概括。他认为，批判马赫主义必须确定它在现代其他哲学学派中的地位。马赫和阿芬那留斯都从康德哲学出发，但并没有走向资本主义，而是朝着相反的方向走向休谟和贝克莱，马赫主义整个学派越来越明确地走向唯心主义，并和最反动的唯心主义学派之一，即所谓内在论派密切结合起来了。

第三条结论是对第五章的概括。他认为，批判马赫主义必须注意它同现代物理学唯心主义有着无可怀疑的联系。极大多数自然科学家始终不渝地站在唯物主义方面，但也有少数物理学家在物理学新发现面前，由于不懂得辩证法，经过相对主义而陷入了唯心主义。

第四条结论是对第六章的概括。他指出，批判马赫主义必须看到哲学上的党派斗争。这种斗争归根到底表现为现代社会中敌对阶级的倾向和思想体系，唯物主义和唯心主义是两个斗争着的哲学党派。马赫主义用所谓"无党性"来掩盖哲学为信仰主义服务，帮助他们反对一般唯物主义，特别是历史唯物主义。

——《列宁全集》第 18 卷第 7～379 页

《公社的教训》

全文约 2600 字。列宁写于 1908 年 3 月。

1908 年 3 月 18 日，日内瓦举行国际大会，纪念无产阶级的三个纪念日：马克思逝世 25 周年、1848 年 3 月革命和巴黎公社 60 周年。列宁代表俄国社会民主工党出席大会，并作了关于公社意义和教训的报告。当时，俄国正处在无产阶级革命的前夜。列宁的这篇报告，正是提醒俄国无产阶级必须记取巴黎公社的教训。

列宁对巴黎公社作了高度评价，认为公社不失为 19 世纪的无产阶级运动的最伟大的典范，不管公社付出的牺牲多么巨大，它对无产阶级共同斗争所起的作用使这些牺牲得到了补偿，公社教会了欧洲无产阶级具体地提出社会主义革命的任务。法国无产阶级"肩负起两项任务，即一方面要驱逐德国，解放法国；另一方面要推翻资本主义，使工人获得社会主义的解放。两项任务的这种结合，是公社独具的特征"。

但是两个错误葬送了这一辉煌的成果。第一个错误是无产阶级在中途停了下来，没有去剥夺剥削者；第二个错误是无产阶级过于宽大，没有向凡尔赛坚决进攻。列宁指出，俄国无产阶级吸取了巴黎公社的教训，采取武装斗争和国内战争的形式，来无情地消灭敌人。

最后，他预言，我们的起义一定会到来，社会主义无产阶级一定会在新的起义中获得完全的胜利。列宁在报告中还指出，在反动政府统治下高喊"爱国主义"，是一种糊涂观念。

——《列宁全集》第 16 卷第 435～438 页

《马克思主义和修正主义》

全文约 5600 字。列宁写于 1908 年 3 月，发表于《卡尔·马克思》文集中。

19 世纪末 20 世纪初，国际共产主义运动内部出现了修正主义思潮，这股思潮也影响到了俄国，为了捍卫马克思主义、反对修正主义，列宁在纪念马克思逝世 25 周年之际写下了本文。

在本文中，列宁论述了马克思主义的发展规律，指出，马克思主义在其生命的途程中每走一步都得经过战斗，从 19 世纪 90 年代起，又同修正主义进行斗争。接着，列宁系统地揭露了修正主义的思想内容及其实质，指出：修正主义否认马克思主义的唯物主义、辩证法和政治经济学的根本原理，背弃阶级斗争和无产阶级专政的思想，背叛作为工人运动最终目的的社会主义。最后，列宁指明：修正主义是国际现象，它在资本主义社会中有深刻的阶级根源，是不可避免的。列宁还指明了马克思主义同修正主义所进行的思想理论斗争的实践意义，揭示出在未来的革命实践中，马克思主义同修正主义的分歧和分裂将更加尖锐；而革命马克思主义同修正主义的斗争，只是无产阶级所进行的伟大革命战斗的序幕。

——《列宁全集》第 17 卷第 11～19 页

《论工人政党对宗教的态度》

全文约 8100 字。列宁写于 1909 年。

本文一开头指出，国家杜马正在讨论正教院预算案，凡是与宗教有关的一切，目前都已经引起"社会"各界的注意，因此社会民主党当然应该表明自己对于宗教的态度。

本文论述了下面几点：一是马克思主义对宗教的态度。马克思主义的哲学基础是辩证唯物主义，即绝对无神论的、坚决反对一切宗教的唯物主义历史传统。马克思主义始终认为现代所有的宗教和教会、各式各样的宗教团体，都是资产阶级反动派用来捍卫剥削制度，麻醉工人阶级的机构。

二是社会民主党对宗教的态度。列宁指出，社会民主党的整个世界观是以科学的社会主义即马克思主义为基础的。社会民主党认为宗教对于国家来说是私人的事情，但是对于社会民主党本身，对于马克思主义，对于工人政党来说决不是私人的事情。列宁强调指出，反宗教斗争必须服从社会民主党的基本任务。无产阶级中既有先进的无神论者，又有落后的上帝信仰者，因此不能抽象地绝对地进行无神论宣传，避免损害革命斗争。

三是反宗教的策略问题，必须善于同宗教作斗争。首先要用辩证唯物主义观点来说明群众中的信仰和宗教的根源，这种根源在现代资本主义国家里主要是社会制度，是阶级压迫和剥削。不消灭这种旧制度，就不可能彻底消灭宗教。其次，同宗教斗争不能抽象宣传，吸引群众参加阶级斗争，是最好的教育方式，比枯燥的宣传有效一百倍。要注意把真心真意完成党的工作、不反对党的所有信仰上帝的工人们吸引到社会民主党内来，用党纲的精神教育他们积极斗争。

——《列宁全集》第 17 卷第 388～401 页

《革命的教训》

全文约 3600 字。是列宁为纪念 1905 年革命 5 周年而写的。

1910 年夏季以来，俄国工人罢工的人数迅猛增加，预示着新的革命高潮即将到来。这时党的一项重要任务就是正确总结 1905 年革命的经验教训，以便在新的革命高潮中，指导广大群众夺取推翻沙皇专制制度斗争的彻底胜利。

列宁在这篇文章中，首先回顾了 1905 年革命的历程，他指出在这次革命中，俄国工人阶级给了沙皇专制制度第一次强大打击，取得了伟大胜利，但不是彻底的胜利。沙皇制度没有被推翻，工人阶级的胜利果实相继被夺走，革命的胜利与失败却给了俄国人民以伟大的历史教训。

第一个教训是：只有千百万革命群众的斗争，才能使工人生活和国家管理真正有所改善。除此之外，都不可能摧毁沙皇制度。第二个教训是，必须把沙皇政府彻底消灭。沙皇政府在革命进攻加强时就作些让步，进攻一旦减弱，它就会把一切让步统统收回。只有推翻沙皇政权，建立民主共和国，政权归人民所有，才能取得革命的彻底胜利。第三个而且是最重要的教训是：革命吹散了迷雾，各阶级都在革命中露出了本来面目。工人阶级革命力量最强，他们懂得必须同心协力，紧密团结，才能彻底改造整个社会，消灭一切贫困和压迫。他们同专制制度进行了最坚决最顽强的斗争。农民也同沙皇政府作了斗争，但是他们力量太弱，比较分散，不够顽强，不够自觉，往往对沙皇抱有幻想，但是沙皇政府的残酷掠夺，使他们遭到破产，一贫如洗，忍饥挨饿。因此，革命一旦到来，千百万农民必然会同工人阶级联合起来，更坚决、更一致地同沙皇和地主作斗争。自由派资产阶级也参加过革命，但并不想推翻沙皇政权。他们鼓吹"用和平手段"去争取自由，实际上是要保持和巩固沙皇政权。当革命进入决战时，他们便卑鄙地背叛了人民。

因此，只要广大人民群众对自由派还存有任何信任，并回避工人的革命斗争，俄国是不会有自由的。当无产阶级推开自由派资产阶级，领导广大农民起来斗争时，世界上便没有任何力量能够阻挡俄国自由的到来。

——《列宁全集》第 19 卷第 406～413 页

《论俄国各政党》

全文约 8000 字。列宁写于 1912 年 5 月 10 日，载于《涅瓦明星报》上。

在第四届国家杜马选举中，资产阶级各政党为使自己党的代表当选，极力制造政治广告，用种种最动听、最响亮、最时髦的言辞吹嘘自己的党，欺骗群众。为了帮助广大群众认清各个政党的真实面目，为了揭穿资产阶级政党的花招，列宁写下了本文。

在文中，列宁首先剖析极右翼的俄罗斯人民民主同盟，原封不动地引用了这个党的"纲领宣言"，使其公然维护沙皇专制的反动面目昭然若揭。与极右翼并肩的还有"民族党人"。列宁指出，这两个右派政党"干着同样的事情，不过做法上有的粗野、有的巧妙些罢了"。

对于十月党人，列宁认为其"现行政策与右派并没有什么本质上的区别"。所不同的是"这个党不仅为地主服务，而且还为大资本家、守旧的商人即资产阶级服务"。因此十月党人和民族党人一样，都是政府党。

由于立宪民主党具有较大的欺骗性，列宁重点剖析了这个自由主义君主派资产阶级政党。列宁认为"立宪民主党是反革命自由派的政党"，是"玩弄反对派把戏的行家和老手"。代表俄国民主派资产阶级的是形形色色的民粹派，从最左的社会革命党人到人民社会党人和劳动派。他们都爱讲"社会主义词句"。列宁指出，自由派（立宪民主党人）企图分享政治权利和政治特权，而民粹派则要消灭之，正因为如此，民粹派才是民主派，但是他们的政策"不能跳出资本主义范围"。列宁简要地分析了工人民主派，批评了软弱动摇的取消派，指出："工人民主派的任务，就是帮助软弱的资产阶级民主派，使他们摆脱自由派的影响，团结民主派阵营去反对反革命的立宪民主党人，而不仅仅是右派分子。"

——《列宁全集》第 21 卷第 282～293 页

《论俄国社会民主工党的现状》

　　全文约 1.5 万字。列宁写于 1912 年 7 月。是列宁拒绝参加召开包括取消派等在内的十一个"中心"和"集团"的代表参加的会议的复信。分为前言、复信、后记和附言四部分。

　　在前言中，列宁批评了经常在德国社会民主党中央机关报《前进报》上发表诽谤俄国党的文章的"情报员"。复信，即《致德国社会民主党执行委员会》的信又分"1912 年 1 月以来俄国社会民主工党的状况"、"至今中立的俄国民主党人对所谓组织委员会采取什么态度"、"社会民主党第三届杜马党团"、"关于取消派的影响同党的影响相比较的可以正式核对的材料"、"关于取消派和党同俄国工人群众的联系的公开的可以核对的材料"、"结论"等 6 个部分。全面介绍了俄国社会民主工党党内派别斗争的情况。在后记中，列宁批评了德国社会民主党执行委员会"假中立的立场",并对复信中的意见作了一点补充。附言揭露了"那些不负责任的、害怕公开露面的私人'情报员'"的欺骗行为。

——《列宁全集》第 21 卷第 438～461 页

《论法国反对派的任务（给萨法罗夫同志的信）》

全文约 2440 字。列宁写于 1916 年。

在法国工作的齐美尔瓦尔德"左派"成员萨法罗夫因支持法国反对派被驱逐出境。列宁在给他的信中指出，必须注意法国反对派的状况和任务。工人运动和社会主义运动在全世界的分裂已成为事实，在工人阶级对待战争的问题上存在着两种不可调和的策略和政策。社会党内的多数已经站到资产阶级方面去了，中派反对分裂的论调不过是欺骗和伪善。法国的反对派应该直接、大胆、公开地同所有"祖国保卫者"决裂，要进行长期坚定不移的和经常不断的工作，在工人中间广泛建立秘密组织，进行秘密宣传和鼓动，为反对本国政府的群众革命运动做准备。

——《列宁全集》第 27 卷第 249～253 页

《俄国社会民主工党的状况和
党的当前任务》

全文约 5600 字。发表在 1912 年 7 月 16 日的《工人报》上。

1912 年俄国社会民主工党在度过了反革命猖獗的空前艰难年代以后，走上了恢复组织、巩固力量、加强对俄国无产阶级的领导的正确道路。但波兰王国和立陶宛社会民主党总执行委员会脱离了俄国社会民主工党。应波兰和立陶宛社会民主党反对派华沙委员会的请求，列宁写了这篇文章，说明了俄国社会民主工党分裂的原因，以及波兰和立陶宛社会民主党总执行委员会当时所起的不光彩的作用。

文章共分三个部分。第一部分回忆了俄国社会民主工党内部出现了取消派和召回派以致使党分裂的经过。第二部分叙述了为了恢复党，马克思主义者所做的努力以及同取消派和召回派所作的斗争。在这一部分中，列宁批评了波兰和立陶宛社会民主党总执行委员会的梯什科在两派斗争中的投机取巧行为。第三部分介绍了俄国社会民主工党一月会议取得的成功，批评了梯什科和总执行委员会的错误态度。

在文章的最后，列宁表示相信，波兰无产阶级一定能在组织上和俄国的社会民主工党联合起来。

——《列宁全集》第 21 卷第 395～403 页

《立宪民主党和土地问题》

全文约 7000 字。列宁写于 1912 年 9 月 1 日。

为了在选举中使人民群众在政治上获得教育，列宁写了这篇文章，旨在通过分析立宪民主党的土地纲领，剖析妄图领导整个反对派的立宪民主党的本质，这一同整个俄国解放运动所有根本问题密切相关的问题——立宪民主党是民主派政党还是自由主义君主派政党。

列宁首先就民主派和自由派在反对旧制度、对待群众运动的态度、代表什么人，以及主张在政治自由和实行宪政时的异同进行了对比，得出民主派善于斗争，而自由派不善于斗争。然后拿立宪民主党的土地纲领进行分析来验证这些看法和基本原则。列宁指出立宪民主党的土地纲领完全是官样文章，重要的问题在于谁来决定哪些土地应当转让，在什么条件下转让，谁强制谁转让。立宪民主党在土地问题上的所谓"强制转让"，是地主对农民的强制。因此立宪民主党的"妥协"原则，恰恰是动摇不定的自由主义君主派的资产阶级的典型原则。他们不是民主派政党，而是自由主义君主派资产阶级的反革命政党，是让地主放心的党。

——《列宁全集》第 22 卷第 49～58 页

《改良派的纲领和革命的
社会民主党的纲领》

全文约 5500 字。列宁写于 1912 年 11 月 18 日。

是列宁为了进一步宣传革命，宣传社会民主党的革命的政治纲领，批判改良派的政治纲领而写的。

列宁认为，对于各政党在选举中的各种纲领和政纲，工人阶级应当用马克思主义的观点进行检验，批判各种立宪改革的主张，宣传革命，把选举作为一次宣传觉悟了的无产阶级的基本要求和政治世界观的基本观点的特殊机会。而社会民主党制定选举纲领的目的就是要以选举为理由，趁此机会，通过争论，进一步向群众解释革命的必要性、迫切性和必然性，使人民清楚认识到不要立宪改革，要共和国；不要改良，要革命。列宁分析、批判了自由派资产阶级政党、民粹派、取消派等改良派的纲领，并用社会民主党的纲领与其进行了对比，指出它们的区别就是要革命还是要立宪的问题。

最后列宁指出，托洛茨基想要调和取消派同社会民主党的观点是不可能的。因为在决定俄国全部社会政治形势的重大政治事实面前，革命的社会民主党的纲领同改良派的纲领是针锋相对的。

——《列宁全集》第 22 卷第 182～193 页

《马克思主义的三个来源和三个组成部分》

全文约 3000 字。列宁写于 1913 年 3 月。

列宁为纪念马克思逝世 30 周年而写。文中列宁对马克思主义学说作了简介，并就其三个来源和三个组成部分作了简要的说明。

列宁指出，马克思主义同"宗派主义"毫无相似之处，它绝不是离开世界文明发展大道而产生的一种故步自封、僵化不变的学说，恰恰相反，马克思的全部天才正在于他回答了人类先进思想已经提出的种种问题。他的学说的产生正是哲学、政治经济学和社会主义极伟大的代表人物的学说的直接发展，它是人类在 19 世纪所创造的优秀成果——德国的哲学、英国的政治经济学和法国的社会主义的当然继承者。马克思加深和发展了哲学唯物主义，而且把它贯彻到底，把它对自然界的认识推广到对人类社会的认识。马克思主义的哲学是完备的哲学唯物主义，它把伟大的认识工具给了人类，特别是给了工人阶级。

马克思认为经济制度是政治上层建筑借以树立起来的基础，他的主要著作《资本论》就是专门研究现代社会即资本主义社会的经济制度的。剩余价值学说是马克思经济理论的基础。资本主义制度在使工人越来越依赖资本的同时，创造着联合劳动的伟大力量。资本主义在全世界获得了胜利，这一胜利不过是劳动对资本的胜利的前阶。马克思最先从全世界历史的提示中得出了阶级斗争学说的结论，即阶级斗争是整个世界历史发展的基础和动力。只有马克思的哲学唯物主义，才给无产阶级指明了如何摆脱一切被压迫阶级至今深受其害的精神奴役的出路；只有马克思的经济理论，才阐明了无产阶级在整个资本主义制度中的真正地位。全世界无产阶级在马克思主义的指引下必将成长壮大起来。

——《列宁全集》第 23 卷第 41～48 页

《民族问题提纲》

全文约 5000 字。列宁写于 1913 年。

列宁为作民族问题的专题报告而写的提纲,提纲共有 10 个方面。

(一)民族自决,除了政治自决,即分离和成立独立国家的权利外,没有其他解释。(二)俄国社会民主党纲领中的这一条是绝对必要的。(三)社会民主党承认一切民族都有自决权。列宁列举了几项要求。(四)承认一切民族都有自决权,但对每一具体情况下对某一民族的国家分离是否适宜要有独立的估计。(五)社会民族党主张建立彻底民主的国家制度,它要求各民族一律平等,反对某个民族或某些民族享有任何特权。(六)颁布一项全国性的法律,以保护国内任何地方的任何少数民族的权利。(七)社会民主党对实现"民族文化自治"这个口号的种种方案均持否定态度。(八)俄国的经济、政治

126

状况要求党毫不例外地同一切无产阶级组织中各民族工人打成一片。（九）俄国社会民主工党10多年来的历史经验证实了上述的论点。（十）沙皇君主政府的那种粗暴好战的黑帮民族主义的存在，以及资产阶级民族主义的抬头，都特别迫切地要求俄国各地的社会民主党组织比以往更重视民族问题，并以坚定的国际主义和各民族的无产阶级统一的精神，对这个问题制定彻底的马克思主义的解决办法。

——《列宁全集》第 23 卷第 329～337 页

《马克思主义和改良主义》

全文约 2000 字。列宁写于 1913 年 9 月 12 日。

针对俄国 1913 年盛行的各种非马克思主义思潮，列宁在本篇文章中划清了马克思主义与改良主义、马克思主义与无政府主义的界限。

列宁认为马克思主义与无政府主义的不同之处就在于，马克思主义并不是一般地反对改良，而是反对把工人阶级的斗争局限在改良的范围之内。工人阶级只有使资本不占统治地位才能获得彻底解放。为之，必须坚决反对改良主义，因为改良主义是腐蚀和削弱工人的工具。列宁还具体指出，俄国的取消派就是改良主义，他们破坏马克思主义的组织，拒绝实现工人阶级的民主任务而代之以自由派的工人政策。

——《列宁全集》第 24 卷第 1～4 页

《论俄国社会民主工党的民族纲领》

全文约 4500 字。列宁写于 1913 年 12 月 15 日。

第一次世界大战前夕，沙文主义猖獗一时。为了同资产阶级民族主义作斗争，阐明党对民族问题的看法，列宁写了这篇文章。

文章再次批判了"民族文化自治"等民族主义观点，阐明了马克思主义的民族自决权原理；指出"民族文化自治"是最有害的民族主义，这个主张是同无产阶级的纲领完全矛盾的；批判了民族主义者谢姆柯夫斯基在民族问题上的曲解，指出无产阶级应该维护民族自决权，因为这种权力也意味着一种民主制度。列宁还认为，承认这种权力丝毫也不排斥反对分离和反对资产阶级民族主义。他强调在俄国这个沙皇制度十分反动的国家，否认民族自决权就是不折不扣的机会主义和民族主义。

——《列宁全集》第 24 卷第 234 页

《卡尔·马克思〈传略和
马克思主义概述〉》

全文约 3.27 万字。列宁写于 1914 年。这是列宁为当时俄国《格拉纳特百科辞典》写的一个词条。出版时，列宁补写了序言。全文分六个部分介绍了马克思的生平和基本学说。

（一）马克思的生平。列宁简要叙述了马克思唯物主义世界观的形成及其革命实践。马克思青年时代是黑格尔唯心主义者，后受费尔巴哈影响开始转向唯物主义。马克思与恩格斯在以后同各种小资产阶级的社会主义学说进行的斗争中，创立了革命的无产阶级社会主义即共产主义的理论和策略。1847 年，马克思和恩格斯加入共产主义者同盟，并于 1848 年起草了《共产党宣言》。1867 年出版了《资本论》（第 1 卷），1864 年创立国际工人协会即第一国际，成为这个协会的灵魂和实际领袖。马克思统一了各国工人运动，同各种社会主义流派进行了不调和的斗争，制定了统一的无产阶级斗争策略。1883 年 3

月 14 日，马克思在伦敦病逝，被安葬在海格特公墓。

（二）马克思的学说。列宁指出，马克思主义是马克思的观点和学说的体系，是对 19 世纪德国古典哲学、英国古典政治经济学和法国社会主义三种主要思潮的继承和发展，其观点彻底而严整，在总体上构成了现代唯物主义和现代科学社会主义，成为国际工人运动的理论和纲领。(1) 辩证唯物主义。列宁指出，马克思在机械唯物主义基础上创立了辩证的唯物主义。世界是物质的，运动是物质的存在方式，思维和意识是物质的产物，认识是对客观世界的反映。既要承认自然界的客观规律性，也要承认自然规律的可认识、可利用性。(2) 辩证法。列宁指出，马克思批判地吸收了黑格尔辩证法的合理内核，创立了唯物辩证法，主张发展是在更高基础上的重复，发展的内因来自事物内部各种力量的矛盾和冲突，各种现象的一切方面是相互依存、密切联系的，从而形成统一的、有规律的世界运动过程。(3) 唯物主义历史观。列宁指出，马克思把唯物主义应用于人类社会，用社会存在解释社会意识。人们在社会生产中形成同他们的生产力的一定发展阶段相适应的生产关系，生产关系的总和构成社会的经济基础。在此基础上建立起法律和政治的上层建筑，并有一定的社会意识形态与之适应。社会存在决定社会意识，当生产力发展到一定阶段，便与现存生产关系发生矛盾，从而使生产关系阻碍生产力的发展，这时社会革命的时代就到来了。经济基础发生变更，上层建筑也必随之发生变革。(4) 阶级斗争。列宁指出，马克思主义的阶级斗争学说，为人类寻找人类社会内部纷繁复杂的矛盾和斗争提供了指导性线索。人类社会之所以存在各种矛盾，是因为每个社会所分成的各阶级的地位和生活条件不同。自原始社会解体以来，一切社会历史都是阶级斗争的历史，阶级斗争是历史发展的推动力。在资产阶级时代，阶级对立简单化了，整个社会日益分裂为两大敌对阵营：资产阶级和无产阶级。在同资产阶级相对立的所有阶级中，只有无产阶级是真正革命的阶级。

（三）马克思的经济学说。列宁指出，揭示资本主义社会的经济运动规律，研究它的生产关系的发生、发展和衰落，就是马克思经济学说的内容。（1）价值。马克思从分析商品入手，研究资本主义经济。商品具有使用价值和价值两种属性，它们是由生产商品的劳动的两重性决定的。具体劳动创造使用价值，抽象劳动形成价值。商品的价值量由生产商品的社会必要劳动时间决定。商品的生产和交换体现人与人之间的社会关系。在研究了价值形式和货币的发展过程后，马克思得出结论：货币是交换和商品生产发展的最高产物，货币的各种职能形式，表示社会生产过程中的不同阶段。（2）剩余价值。列宁认为剩余价值学说是马克思经济理论的核心，并首先说明了剩余价值及其产生。商品生产发展到一定阶段，货币就转化为资本，资本在周转中的增殖就是剩余价值。剩余价值不能从商品流通中产生，也不能从加价中产生，而是来源于一种特殊的商品，即人的劳动力。劳动力的价值由工人及其家属的生活费用的价值决定。货币所有者用不变资本购买生产资料，用可变资本购买劳动力，其中可变资本的使用也就是劳动力的使用创造剩余价值。剩余价值与可变资本的比率就是剩余价值率，它反映资本对劳动力的剥削程度。资本的产生有两个历史前提，一是商品生产高度发展后某些人手里积累了一定数量的货币；二是存在只能靠出卖劳动力为生的自由无产者。增加剩余价值有两种基本方法：延长工作时间和缩短必要劳动时间，即绝对剩余价值和相对剩余价值的生产。

（四）社会主义。列宁指出，马克思从资本主义社会的经济运动规律中，得出了资本主义必然要转变为社会主义的结论。生产的社会化和垄断的出现为这一转变提供了物质基础，无产阶级则是这一转变的推动力量。国家是阶级斗争不可调和的产物，是阶级压迫的工具。社会主义将导致阶级消灭，从而导致国家消灭。当无产阶级掌握国家政权后，绝不应用暴力去剥夺小农，而应通过示范和提供帮助引导他们逐步走上社会主义道路。

（五）无产阶级阶级斗争的策略。列宁指出，马克思十分重视无产阶级的斗争策略问题，以辩证唯物主义为指导确定无产阶斗争级策略的基本任务。无产阶级在经济斗争中维护自己的联盟比维护工资更重要，不但要为目前利益和目标进行斗争，也要考虑长远的目标和利益。无产阶级要利用"和平"发展时代加强无产阶级的意识和力量，同时把这一工作引向无产阶级的最终目的，为革命作好充分准备。无产阶级要重视合法斗争与秘密工作的结合，也要重视利用资产阶级相互之间的矛盾和冲突为无产阶级目标服务。

（六）书目。列宁依时间顺序开列出马克思的著作和书信，将论述马克思和马克思主义的著作按照马克思主义观点、反马克思主义和修正主义分为三类。列宁指出，要正确评价马克思主义的观点，必须熟悉恩格斯的著作，否则就不能完整地理解、阐述马克思主义。

　　　　　　　　——《列宁全集》第 26 卷第 47～95 页

《共产国际第一次代表大会文献》

　　全文约 1.26 万字。是列宁在 1919 年 3 月主持共产国际第一次代表大会时的致辞。

　　列宁在开幕词中指出，这次会议具有伟大的世界历史意义。它证明资产阶级民主的一切幻想都已破灭。俄国的革命使无产阶级找到了实现自己统治的实际形式——苏维埃，即无产阶级专政。列宁提议，第一，向群众讲清苏维埃制度的重要意义；第二，在各国推行苏维埃制度；第三，争取共产党人在苏维埃中占多数。列宁在闭幕词中指出，世界无产阶级革命的问题已提上日程，国际苏维埃共和国的建立已经为期不远了。

　　　　　　　　——《列宁全集》第 35 卷第 482～503 页

《第二国际的破产》

全文约 3.6 万字。列宁写于 1915 年。

第一次世界大战的爆发，引起了国际共产主义运动的分裂。第二国际的大多数领袖背叛社会主义，公开站在本国资产阶级及其政府一边，支持帝国主义战争，使第二国际破产。

列宁在本文中综合了他自大战爆发以来关于战争的论述，系统阐述了第二国际破产的原因及其社会沙文主义的本质，揭露了中派的真面目，指出了左派社会党人的新的任务。文章分九部分围绕第二国际的破产进行了阐述。

（一）1912 年巴塞尔国际社会党代表大会的决议正确预见了目前的世界大战，指出丝毫不能以任何人民的利益为借口来为战争辩护。而今天的社会党领袖们却在寻找各种"人民"的理由支持战争。起先通过了最"左"、最革命的决议，后来又最无耻地抛弃它，这种行为只能称之为背叛。

（二）一般来说，革命形势具备三个主要特征。①统治阶级已经不可能照旧不变地统治下去；②被压迫阶级的贫困和苦难加剧，已不能照旧生活下去；③群众积极性大大提高，热情投入革命斗争。今天的世界大战造成了经济的、政治的全面危机，革命形势在欧洲大多数先进国家已经存在，一切社会党人最基本的任务，就是唤起无产阶级的革命意识和决心，帮助他们转向革命行动，并建立适应革命形势的秘密组织。

（三）普列汉诺夫和考茨基是为背叛社会主义提供辩护理论的代表。"祸首论"和"有权保卫祖国论"宣称，受到进攻必自卫，无产阶级要对破坏欧洲和平的祸首进行反击，人人都有权利和义务保卫祖国。列宁指出，马克思主义坚持战争是政治通过另一种（即暴力）手段的继续的观点，事实证明，这场战争正是帝国主义国家压迫其他民族、镇压工人运动的政治的继续，高谈"保卫祖国"，只能是为社会沙文主义辩护，提出"祸首论"只是以反对一个帝国主义国家代替反对国际帝国主义。"司徒卢威主义"理论宣称，社会主义是以资本主义的迅速发展为前提的，某一资本主义国家的胜利会加速国内资本主义的发展，从而加速社会主义的到来。这种理论实际上是在表面上接受马克思主义的同时，抛弃其活的灵魂——革命性。

（四）考茨基的"超帝国主义论"是用科学观点和国际观点伪装起来的社会沙文主义理论。它宣扬超帝国主义政策，就是以国际联合的金融资本共同剥削世界来代替各国金融资本的相互斗争，这可能在资本主义范围内造成一个实现裁军和持久

137

和平的新纪元。列宁指出，考茨基是借助对资本主义和平新纪元的希望，为机会主义者违背巴塞尔宣言，倒向资产阶级和放弃革命策略的行为开脱。"超帝国主义"是指资本主义矛盾的大大和缓，但现实是，自由竞争已让位于垄断同盟，对世界的瓜分，迫使资本家从和平扩张转向用武力和战争重新瓜分殖民地和势力范围。

（五）马克思主义是根据日常生活中的阶级矛盾和阶级斗争来判断利益的。大国瓜分世界，意味着一切有产阶层都从占有殖民地和势力范围中获益，因而当今的大战是争夺利益和特权的武装斗争。考茨基抽去马克思主义的阶级内容，以抽象"利益"原则主张和平和裁军，乞求资产阶级不用帝国主义的暴力方法，而通过和平民主实现资本的扩张，完全忽视了如下事实：资本就是靠同它竞争的对手的破产获利的，为实现这一目标，必要时辅之以军事手段。列宁指出，一切压迫阶级，为了维护自己的统治，都需要两种社会职能，一种是刽子手的职能，另一种是牧师的职能。考茨基起的正是后一种作用，即安慰被压迫者，使他们顺从统治，放弃革命。

（六）考茨基声称，目前这场大战不是纯粹的帝国主义战争，统治阶级有帝国主义倾向，人民和无产阶级则有民族要求。列宁指出，这场战争的客观内容是帝国主义的政治继续，战争的民族因素仅仅表现在塞尔维亚反对奥匈的战争，它不会影响和改变战争的整体性质。问题的实质是考茨基帮助帝国主义欺骗人民，为机会主义辩护。社会党领袖对无产阶级的背叛，是机会主义发展几十年的必然结果，他们在紧急关头屈服了资产阶级的意志，脱离了人民群众，投票赞成军事拨款，反对国内革命。

（七）机会主义的主要内容是阶级合作思想，社会沙文主义是机会主义在大战环境中的产物，是在这场帝国主义战争中，肯定保卫祖国的思想，为社会党人同本国的资产阶级和政府实行联合辩护，反对无产阶级的国内革命。社会沙文主义就是熟透了的机会主义。社会沙文主义和机会主义有共同的经济基础，即维护工人贵族和小资产阶级的特权地位，维护他们从垄断资产阶级的巨额利润中分得一点油水的权利。

（八）工人阶级的合法的群众性组织是第二国际时代社会党的主要特征。机会主义者和中派为了保存现有的合法组织，而不惜牺牲无产阶级的革命目标。列宁指出，当革命形势不具备时，工人阶级应该用合法手段进行斗争，为将来准备力量；如果具备了革命形势，就应不失时机地进行无产阶级革命。

（九）列宁总结指出，第二国际破产的最突出的表现，就是欧洲大多数社会民主党背叛了自己的信念，背叛了自己在斯图加特和巴塞尔大会上通过的决议。第二国际时代产生并培育了机会主义，大战开始后机会主义成为资产阶级的同盟，造成了工人运动的分裂，因此必须从组织上把它们清除出工人政党。考茨基以中派面目出现，用马克思主义词句为机会主义行为辩护，对工人运动更有害。在俄国，无产阶级政党是在同各种机会主义进行长期斗争中形成的，它将坚定实行真正革命的国际主义策略。

——《列宁全集》第 26 卷第 223～227 页

《机会主义与第二国际的破产》

全文约 9600 字。列宁写于 1915 年。

列宁在本文中系统阐述了第二国际破产的原因，批判了社会沙文主义和考茨基的中派主义，捍卫了《巴塞尔宣言》的反战革命精神。文中指出，《巴塞尔宣言》清楚地确认这场战争具有掠夺的、帝国主义的、反动的、奴役的性质，并作出结论：丝毫不能以任何人民的利益作为借口为这场战争辩护，这场战争是为了资本家的利润和王朝的野心而准备的，从工人方面来说，互相残杀是犯罪行为。因此，在 1914～1915 年的战争中赞成"保卫祖国"的社会党人，只是口头上是社会主义者，实际上是沙文主义者，他们都彻底背叛了社会主义，从而使第二国际破产了。列宁指出，《巴塞尔宣言》明确表述了在帝国主义战争条件下无产阶级革命行动的策略，即利用战争引起的经济和政治危机来加速资本统治的崩溃，社会革命的时机将随战争的爆发而到来。因此，投票赞成军事拨款、参加内阁。

在整个第二国际时代，社会主义运动中一直有两个基本派别：机会主义派和革命派。大战爆发后，在对待社会主义的态度上也有两派：社会沙文主义者和革命的国际主义者。列宁批判了各国形形色色的社会沙文主义和中派主义，指出，社会沙文主义在大战中赞成"保卫祖国"，实际上就是赞成保卫资产阶级在帝国主义战争中的掠夺利益而反对无产阶级。

考茨基的中派主义是隐蔽的机会主义，对工人运动更危险。考茨基一面斥责革命行动是冒险行为，一面又用"左"的空话安抚群众，其目的是保持机会主义（即资产阶级）对群众的影响，保持无产阶级对机会主义（即资产阶级）的服从。列宁批驳了考茨基派反对革命的行动策略的各种诡辩，指出，战争已经造成了革命形势，社会民主党的实际纲领必然是：建立秘密组织，进行革命的宣传鼓动；支持、发展、扩大和加强群众性的革命行动和革命运动。

——《列宁全集》第 27 卷第 102～116 页

《革命的无产阶级和民族自决权》

全文约 4600 字。列宁写于 1915 年。

第一次世界大战期间，出现了民族解放运动的新高涨，国际社会主义运动内部出现了关于民族自决权的辩论。考茨基口头上承认全面和无条件地尊重和捍卫民族独立，实际上却附和社会沙文主义，提出每个民族要求国家独立是"非分的"。巴拉贝伦等"左派"社会党人则认为帝国主义时代根本不存在民族问题，否定民族自决权。为了回答无产阶级对待民族自决权的态度，列宁写了这篇文章。

文中批判了各种错误观点，指出，民族解放运动的中心已由欧洲转向东方殖民地。帝国主义意味着资本的发展超出了民族国家的范围，意味着民族压迫在新的历史基础上扩大和加剧。因此，社会民主党人，应当把争取社会主义的革命斗争同民族问题的革命纲领联系起来，民族问题是无产阶级反对资产阶级的民主斗争中的重要内容。社会民主党应当把民族区分为压迫民族和被压迫民族。为了真正承认民族自决的权利，压迫民族的社会民主党人应当宣传被压迫民族有分离的自由，被压迫民族的社会民主党人，则应当把被压迫民族的工人与压迫民族的工人的团结一致放在首位。

列宁指出，当今的帝国主义使大国压迫其他民族成为普遍现象，大国民族为了巩固这种压迫而进行帝国主义战争。因此，社会民主党人的民族纲领中的主要的基本观点，就是同大国民族的沙文主义进行斗争。在俄国，无产阶级要领导人民进行民主革命，并同欧洲的工人兄弟一道为社会主义革命而斗争，就必须立即无条件地要求让一切受沙皇制度压迫的民族有从俄罗斯分离的自由。只有这样，才能在真正民主和真正国际主义的基础上，实现各民族的接近乃至融合。

——《列宁全集》第 27 卷第 77～85 页

《帝国主义是资本主义的最高阶段》

写于 1916 年。

本书是马克思《资本论》的继续和发展。列宁在这部著作中，根据马克思主义的基本原理，总结了《资本论》问世后半个世纪中资本主义的发展，指明资本主义已经发展到一个新的阶段——帝国主义阶段。

列宁把世界资本主义发展中的新的重大变化概括为帝国主义的 5 个基本经济特征，并依次作了分析。在对帝国主义基本经济特征所作的分析的基础上，列宁给帝国主义下了一个科学的定义："帝国主义是发展到垄断组织和金融资本的统治已经确立、资本输出具有突出意义、国际托拉斯开始瓜分世界、一些最大的资本主义国家已把世界全部领土瓜分完毕这一阶段的资本主义。"同时，列宁对考茨基的帝国主义定义以及他当时大力宣扬的"超帝国主义论"进行了批判。列宁从垄断这个帝国主义的经济实质出发，论证了帝国主义是寄生的或腐朽的资本主义。

最后，列宁揭示了帝国主义的历史地位。他在全书的结尾着重指出："根据以上对帝国主义的经济实质的全部论述可以得出一个结论，即应当说帝国主义是过渡的资本主义，或者更确切些说，是垂死的资本主义。"序言最后以当初写作此书时不能使用的明确语言宣布："帝国主义是无产阶级社会革命的前夜。"列宁的这个著名论断，可以看作是全书的总结论。

这部著作是对马克思主义关于无产阶级革命的理论的重大贡献，是科学社会主义发展到列宁主义阶段的重要标志。

《社会主义革命和
民族自决权（提纲）》

全文约 8200 字。列宁写于 1916 年。

1914 年爆发的帝国主义战争使民族压迫空前加剧，民族解放运动日益高涨。在此形势下，如何正确处理民族问题，把民族解放运动同社会主义革命紧密结合起来，成为社会民主党亟待解决的重要问题。第二国际各国党内机会主义者和考茨基分子采取沙文主义立场，反对民族自决；一些"左派"社会民主党人则把民族解放运动同社会主义革命对立起来，否认民族自决权。

为了批判第二国际机会主义者和一些"左派"分子的错误，列宁在此期间写了一系列关于民族殖民地问题的文章。本文是关于帝国主义时代民族殖民地问题的纲领性文献，它全面阐述了布尔什维克党在民族殖民地问题上的理论和策略。

（一）文中首先论述了社会主义革命和民族自决权的关系，

指出，帝国主义是资本主义发展的最高阶段，资本的发展超出了民族国家的范围，用垄断代替了竞争，使阶级矛盾大大加剧，民族压迫和对殖民地的掠夺不断扩大，从而创造了能够实现社会主义的一切客观前提。社会主义取得胜利后必将实行充分的民主，不但要使各民族完全平等，而且要实现被压迫民族的自决权。因此，无产阶级政党在进行社会主义革命的过程中，必须以实际行动证明自己将解放被压迫民族，并在自由结盟基础上建立与它们的联系。

列宁指出，社会主义革命是充满着激烈的阶级斗争的整整一个时代，是在一切战线上，即在经济和政治的一切问题上进行的一系列会战，无产阶级如果不为民主进行全面彻底的革命斗争，就不能作好战胜资产阶级的准备。

（二）列宁对民族自决权的意义进行了解释，指出，民族自决权只是一种政治意义上的独立权，即在政治上从压迫民族自由分离的权利。这种政治民主要求不等于要求分离、分裂，建立小国，它只是反对任何民族压迫的斗争的彻底表现。承认自决不等于承认联邦制原则，但是与其存在民族不平等，不如建立联邦制，作为实行充分的民主集中制的过渡。

关于民族融合问题，列宁指出，社会主义的目的不只是要消灭人类分为许多小国和民族隔绝现象，而且要使各民族接近以至融合。人类只有经过所有被压迫民族完全解放的过渡时期，才能实现各民族的必然融合。

（三）列宁批判了小资产阶级在帝国主义时代建立各平等

民族和平联盟的空想，提出了无产阶级对待民族自决权的正确态度。列宁指出，社会民主党的纲领应当指出帝国主义时代基本的、本质的和必然的现象，即民族分为压迫民族和被压迫民族。列宁指出，马克思主义认为，一切民主要求都不是绝对的东西，把民族自决权与其他政治民主要求对立起来是错误的，同时，把社会革命与民族自决对立起来的蒲鲁东主义也是错误的。列宁还提出了帝国主义时代不同类型国家的无产阶级对待民族自决权的正确态度：西欧先进资本主义国家和美国的无产阶级应承认被压迫民族的自决权，支持他们的民族解放战争；欧洲东部的奥地利、巴尔干和俄国的无产阶级必须坚持民族自决权，尤其是要把压迫民族的工人和被压迫民族的工人的阶级斗争汇合起来；中国、波斯、土耳其等半殖民地国家和所有殖民地的无产阶级应无条件地承认民族自决权，坚决支持这些国家的资产阶级民族民主解放运动中的先进分子，帮助他们反对帝国主义列强。

（四）列宁最后强调，在帝国主义时代和1914～1916年的战争中，特别提出了在各先进国家反对沙文主义和民族主义的斗争任务。社会沙文主义者在民族自决权问题上分为两类，一类借口帝国主义和政治集中是进步的而赞成兼并，否认自决权；另一类在口头上拥护自决权，但又认为要求被压迫民族有政治分离自由是"非分的"。这两类都是反马克思主义的机会主义者。

列宁阐述了无产阶级的具体任务，指出，社会主义革命可能在最近的将来爆发，无产阶级的任务就是夺取政权，宣布和实现一切被压迫民族的自决权已是迫切需要。即使革命的爆发还要等待一段时间，也要加强对群众进行革命教育，把社会沙文主义者和机会主义者从党内清除出去。

列宁还介绍了俄国社会民主党和波兰社会民主党对民族自决问题的态度，指出，两党的分歧早在1903年俄国社会民主党第二次代表大会上就表面化了。俄国党始终坚持受沙皇制度压迫的民族有从俄国自由分离的权利，而波兰党则由于反对波兰资产阶级用民族主义口号欺骗人民，错误地否定自决权，如果把这种观点搬到第二国际中来，不但在理论上是错误的，而且在实践上会不自觉地支持大国民族的沙文主义和机会主义。

——《列宁全集》第27卷第254～268页

《国家与革命》

列宁写于 1917 年。全名为《国家与革命（马克思主义关于国家的学说与无产阶级在革命中的任务）》。

19 世纪末 20 世纪初，资本主义发展到帝国主义阶段，它使资本主义固有的矛盾更加尖锐。1916 年年初，第一次世界大战进入了第三个年头。连年的帝国主义战争，使交战各国的国内阶级矛盾空前尖锐，革命形势迅速成熟。在这种情况下，列宁预计欧洲的社会主义革命可能在最近的将来爆发。但是，第二国际机会主义者却百般美化资产阶级民主，竭力歪曲和篡改马克思主义国家学说。为了反对和肃清在"国家"问题上的机会主义偏见和资产阶级的影响，为了给即将来临的社会主义革命作准备，列宁为此书搜集整理材料。

1917 年俄国二月革命的胜利和两个政权并存局面的出现，表明俄国无产阶级进行社会主义革命的任务已经直接提上斗争日程，因此，国家问题和无产阶级专政问题更成了列宁的注意中心。俄国"七月事变"结束了两个政权并存的局面，布尔什维克党和列宁重新被迫转入地下，开始准备起义，以便用革命武力推翻资产阶级政府，建立苏维埃政权，就是在这样的关键时刻，列宁写了本书。

书中通过大量的引证和事实，阐明了马克思和恩格斯国家学说的基本观点，明确回答了国际无产阶级革命和俄国革命所提出的一系列重大问题，从理论与实践的结合上论述了无产阶级应该如何对待国家问题，彻底批判了机会主义者和无政府主义者在国家问题上的荒谬观点，为国际无产阶级革命和俄国"十月革命"指明了胜利的航向。

《革命的教训》

全文约 8000 字。列宁写于 1917 年。

1917 年俄国"七月事变"后，国内政治形势急剧变化，政权完全落到反革命资产阶级的手中，阶级斗争更加尖锐。在此期间，列宁写了一系列文章，分析俄国不断变化的政治形势，总结历次革命的经验教训并为布尔什维克党制定新的策略方针。

文章从俄国的现实状况入手，回顾"二月革命"以来革命发展的进程，对围绕政权问题进行的阶级斗争作了深入细致的分析，揭露了社会革命党和孟什维克如何逐渐背叛革命，总结了俄国革命的经验教训。列宁指出，一切革命都是广大人民群众生活中的急剧转变，它能使全体人民在很短的时间内得到最有内容最宝贵的教训。工农群众进行革命的目的是想获得自由、和平、面包和土地，而事实上他们什么也没有得到。这是因为，在推翻沙皇政权以后，国家政权转到资产阶级和地主控制的临时政府手中；"二月革命"后组成的苏维埃虽然是"真正的大多数人民的组织"，但它没有把全部政权掌握在自己手里，"获得多数人民信任的社会革命党和孟什维克党的这种同资产阶级妥协的政策，就是革命从开始以来整整五个月内全部发展进程的主要内容"。

列宁写道："如果说 5 月 6 日是用绳索把社会革命党和孟什维克绑在资产阶级胜利的战车上，那么 6 月 19 日则是用锁链把他们当作资本家的奴仆锁住了……7 月 3 日，是向波拿巴主义者彻底交权的开端。"他提出，正是小业主即小资产阶级的经济地位造成了小资产阶级政治立场的不稳定，这条真理已为历次欧洲革命和俄国 1917 年 2～7 月间的革命经验所证明。

最后，列宁说，劳动群众要挣脱战争、饥荒和地主资本家奴役的铁钳，就只有同社会革命党和孟什维克完全决裂，认清他们的叛徒嘴脸，拒绝同资产阶级实行任何妥协，坚决站到革命工人这边来。只有革命工人（如果贫苦农民支持他们的话）才能粉碎资本家的反抗，引导人民无偿地夺取土地，获得完全的自由，战胜饥荒，消除战争，达到公正的持久的和平。

——《列宁全集》第 32 卷第 50～64 页

《革命的任务》

全文约 4800 字。列宁写于 1917 年。

1917 年 8 月底发生的科尔尼洛夫叛乱被布尔什维克领导的工人农民平息后，俄国国内阶级力量对比发生了重大变化，革命再次出现了和平发展的可能性。9 月初，列宁写了一系列文章，阐明革命的和平发展问题。《革命的任务》即为其中之一。

列宁在文章中对科尔尼洛夫叛乱被粉碎后的国内政治形势做了估价，表述了党的任务。列宁指出，当前党的任务是，帮助人们尽一切可能不放过革命和平发展的"最后一个机会"，就是通过解释党的纲领，说明它的全民性质，说明它绝对符合大多数居民的利益和要求。

列宁把党的纲领概括为七条：①同资本家妥协的危害性；②政权归苏维埃；③给各国人民以和平；④土地归劳动者；

⑤防止饥荒和消除经济破坏；⑥同地主和资本家的反革命势力做斗争；⑦革命的和平发展。

列宁总结道，地主和资本家在科尔尼洛夫叛乱中已经受到教训，面对苏维埃最后通牒式的要求，他们可能和平地交出政权，叛乱同时也教育了群众。因此，目前在俄国出现了革命史上极为罕见的机会，即保证革命和平发展的机会。当前没有哪一个阶级敢于掀起反对苏维埃的暴动。如果苏维埃掌握全部政权，本身不动摇，那就还能够保证革命和平地发展，保证人民和平地选举自己的代表，保证各政党在苏维埃内部进行和平地斗争，保证政权由一个政党和平地转到另一个政党手里。列宁认为，这是革命和平发展的最后一次机会，错过了这个机会，无产阶级和资产阶级之间必然发生最尖锐的国内战争，无产阶级的起义就不可避免了。

——《列宁全集》第 32 卷第 148～157 页

《大难临头，出路何在?》

全文约 2.42 万字。列宁写于 1917 年。

1917 年秋天，帝国主义战争已进行了 4 年，俄国的经济状况急剧恶化。资产阶级临时政府不仅没有采取任何措施来制止日益逼近的经济灾难，反而设法使它更加深重，指望经济灾难会使苏维埃灭亡，从而巩固资产阶级和地主的政权。在这种情况下，列宁写下此文。

在这篇著作里，列宁分析了俄国的经济形势，揭露了由社会革命党人和孟什维克参加的资产阶级临时政府的经济政策的实质，指出了经济灾难的原因。接着，列宁阐述了布尔什维克党的经济纲领，说明只有无产阶级革命才能使国家摆脱经济崩溃。列宁提出并论证了战胜灾难和饥荒的具体办法：银行、保险公司及垄断资产阶级的企业国有化，土地国有化，把资本家分散的企业强迫合并成辛迪加，把居民联合到消费合作社中使战争的重担平均分担，取消商业秘密，对生产和消费实行工人的、全民的监督等。在资本主义制度下，这些措施虽然没有改变资本主义的生产关系，然而它们是走向社会主义的步骤。

列宁进一步发挥了他在 1916 年提出的、关于社会主义可能首先在单独一个资本主义国家取得胜利的理论，批驳了社会革命党、孟什维克以及普列汉诺夫等人的观点。列宁指出，帝国主义战争加速了垄断资本主义向国家垄断资本主义的转变，从而使人类异常迅速地接近了社会主义。帝国主义是社会主义革命的前夜。这不仅因为战争带来的灾难促成了无产阶级的起义，而且因为国家垄断资本主义是社会主义的最充分的物质准备，是社会主义的前阶，是历史阶梯上的一级，在这一级和叫作社会主义的那一级之间，没有任何中间级。在 20 世纪的俄国、在用革命手段取得了共和制和民主制的俄国，不走社会主义道路、不采取实现社会主义的步骤，要想前进是不可能的。害怕走向社会主义，就决不可能成为革命民主主义者。

——《列宁全集》第 32 卷第 181～225 页

《十月革命四周年》

全文约 5500 字。

本文是列宁为纪念俄国十月社会主义革命胜利四周年而作。

1917 年 10 月 25 日，俄国布尔什维克领导无产阶级和劳动人民，举行武装起义，推翻了资产阶级政权，建立了无产阶级专政。这次革命的胜利是俄国社会基本矛盾运动发展的必然结果，也是无产阶级和布尔什维克党长期进行斗争的必然结果。

"十月革命"是人类历史上最伟大最深刻的社会革命，它改变了世界历史的方向，开创了世界历史上的新纪元。"十月革命"的胜利，第一个社会主义国家的建立，既得到了全世界被压迫人民和被压迫民族的同情和支持，同时也遭到了国际资产阶级的仇视和攻击。当新生的苏维埃政权尚未站稳脚跟之时，各主要帝国主义强国便向其发动政治讨伐、经济封锁和大规模武装进攻。苏联人民在以列宁为首的布尔什维克党的领导下，经过三年的艰苦奋斗，终于取得了国内战争和反对外国武装干涉的伟大胜利，使世界上第一个无产阶级专政的国家政权得以巩固。

"十月革命"后，俄国无产阶级继续完成了"二月革命"未完成的资产阶级民主革命的事业，同时开始进行社会主义改造。并找到了向社会主义过渡的办法：新经济政策就是在一个小农国家里建设社会主义经济基础的真正的正确的途径。

列宁在这篇文章中，主要阐述了"十月革命"的经验和伟大历史意义，其中包括民主革命和社会主义革命的关系、无产阶级及其政党怎样对待帝国主义战争、小农国家如何向社会主义过渡等问题。

——《列宁全集》第 42 卷第 169～177 页

《论"左派"幼稚性和
小资产阶级性》

全文约 1.84 万字。列宁写于 1918 年。

1918 年 3 月签订《布列斯特和约》后，苏维埃俄国获得了喘息的机会，列宁及时提出苏维埃政权的任务应是巩固无产阶级专政，建立社会主义经济基础。但"左派共产主义者"则反对签订和约，攻击苏维埃政权的国家资本主义政策和加强劳动纪律、提高劳动生产率的措施，为小资产阶级的自由散漫辩护。

针对这一情况，列宁写了本文，指出"左派"的立场暴露了他们的幼稚性和小资产阶级性，并对其机会主义纲领进行了分析批判：

（一）关于和约问题。"左派"提出，赞成和约的是没有固定阶级特性的人；签订和约是萎靡不振的和平心理，是在国际资本的进攻面前退却；必须抛弃护国主义，进行国际革命宣传。列宁指出，用小资产阶级革命空谈的口号来反对和约，实际上正是没有固定阶级特性的人，工人和被剥削的农民群众是赞成和约的；必须善于估计力量对比，在国际社会主义革命爆发以前，在落后国家获得了胜利的社会主义者的使命，不是去同强大的帝国主义作战，而是要退却和等待，让帝国主义因相互争斗进一步削弱，加速其他国家革命的到来；谋求和平的心理决不是萎靡不振，被战争弄得精疲力竭的人民，如果得不到喘息，就不能继续作战；号召进行革命战争，实际上是帮助帝国主义把苏维埃俄国投入对自己显然不利的战斗，使俄国革命前功尽弃；承认保卫祖国，就是承认战争的合理性和正义性，在帝国主义战争中采取护国主义是对社会主义的背叛，但为了巩固和发展社会主义进行战争，这种护国主义就是合理的、神圣的。

（二）关于国内政策问题。"左派"反对对企业实行计算和监督，攻击实行国家资本主义政策是向资产阶级和小资产阶级投降。列宁指出，"左派"的幼稚性在于他们不了解从国有化到社会化过渡的实质。列宁指明了俄国在过渡时期存在五种社会经济成分：宗法式的农民经济、小商品生产、私人资本主义、国家资本主义、社会主义。其中占优势的是小商品生产。经济上的斗争主要不是国家资本主义与社会主义的斗争，而是小资产阶级和私人资本主义同国家资本主义和社会主义的斗争，因为小资产阶级抗拒任何国家干涉、计算和监督，不论它是国家资本主义还是社会主义。列宁以俄国和德国为例，阐明了社会化大生产与无产阶级专政是实现社会主义的两个必要条件，即经济条件和政治条件的思想。

（三）关于苏维埃政权的资本家政策问题。"左派"反对利用资本家和资本主义遗留下来的科学技术专家，认为这是放弃对资产阶级专政。列宁回顾了马克思的有关论述，并把俄国与19世纪70年代的英国作了对照，指出，无产阶级夺取政权后，对资本家应采取两种办法结合起来的政策：一方面，对不肯接受国家资本主义，破坏苏维埃措施的资本家，要无情地加以惩治；另一方面，对接受社会主义改造，组织国家资本主义真正以产品供应社会的资本家谋求妥协，或向他们赎买。由于俄国无产阶级在组织国家资本主义、建设社会主义方面的主客观条件还很落后，因此，有必要对有组织才干并愿意为苏维埃政权服务的资本家实行特殊的赎买。要建设社会主义，无产阶级必须向资本主义的专家学习管理大生产的本领。苏维埃政权是由无产阶级单独掌握的，是在有工人委员会监督的情况下给资本家以领导地位的，因而根本不存在分掌政权和放弃对资产阶级专政的问题。

本文以论战的形式论述了布尔什维克党所面临的重大任务，提出了无产阶级夺取政权后应提高人们的思想觉悟，重点发展生产力的思想。

——《列宁全集》第 34 卷第 264～293 页

《当前的主要任务》

全文约 2900 字。列宁写于 1918 年。

1918 年 3 月，苏维埃俄国与德国签订了《布列斯特和约》，因为苏俄暂时的失败和屈辱，加上"十月革命"初经济上的严重困难和严酷的阶级斗争，使部分群众产生了悲观失望情绪。为了号召人民认清形势，坚定必胜的信心，明确当前的主要任务，列宁写了此文。

列宁指出，人类历史正在经历由帝国主义战争转为无产阶级解放战争，向社会主义和共产主义迈进这样一个伟大而困难的转折时期，在这种急剧转变关头，必然会有一部分人眼花缭乱、绝望、动摇，或以空发议论逃避现实。俄国革命在短短的时间内就摧毁了强大而野蛮的君主制度和资产阶级政权，唤醒了最下层劳动群众去争取自由和独立生活，创立了苏维埃共和国，开始了大规模的社会主义改造。同时，也激发了全世界千百万工人的革命热情，向国际帝国主义强盗提出了挑战，这是具有世界历史意义的伟大胜利，是俄国无产阶级应该引以自豪的功绩。

列宁指出，苏维埃俄国在手无寸铁的情况下被迫与德帝国主义签订了《布列斯特和约》，这是为求得生存而必须付出的代价。必须勇于正视所遭受的失败和屈辱，从而坚定争取解放重获独立的意志。应当抛弃一切颓丧情绪和空谈，加强纪律性和组织性，加强秩序和求实精神，加强全民力量的紧密合作，加强社会生产的计划化，积聚力量，用一块块基石奠定社会主义社会的稳固基础，建立军事实力和社会主义实力。

列宁还强调，如果说俄国是从屈辱的和约走向民族复兴和伟大卫国战争的话，那么这个出路就是走向国际社会主义革命。因此，在仇恨帝国主义的同时，又要始终忠于同帝国主义国家的工人的兄弟联盟。

——《列宁全集》第 34 卷第 73～77 页

《论我们报纸的性质》

　　全文约 800 字。在艰苦的苏维埃政权初创时期，列宁非常重视苏维埃报纸的建设问题。1918 年 9 月，列宁写了本文。

　　列宁指出，我们的报纸应该符合从资本主义向社会主义过渡的社会的要求，少谈些政治，多谈些经济，实事求是地报道新经济建设的成绩，揭露某些工厂的混乱、散漫、肮脏、捣乱、懒惰的典型，抨击那些胆小如鼠的将领和敷衍塞责的家伙，要建立"黑榜"，抓足够数量的坏典型，同干坏事的具体个人进行切实的无情的真正革命的斗争，发扬公众批评的作用，多深入生活，注意工农群众怎样在实际地创造新事物，检查这些事物中有多少共产主义成分，这是报刊在过渡时期的主要任务。

　　　　　　　　——《列宁全集》第 35 卷第 91～93 页

《第三国际及其在历史上的地位》

全文约 5000 字。列宁写于 1919 年。

第二国际在第一次大战期间破产后，国际社会主义运动发生了分裂。1917 年"十月革命"后，各国社会主义运动的"左翼"纷纷与"右派"决裂，成立了共产党。持社会沙文主义、机会主义和中派主义立场的各国社会民主党的首领，为阻挠共产主义运动的发展，力图恢复第二国际，于 1919 年 2 月成立了伯尔尼国际。各国的革命"左派"为了推进革命的发展于 1919 年 3 月建立了第三国际。列宁写这篇文章是为了阐明第三国际的历史意义，并对第二国际的机会主义观点进行批判。

列宁对第一、第二和第三国际的作用和历史地位作了分析、对比和评价，指出第一国际奠定了工人国际的组织基础；第二国际是为这个运动在许多国家广泛的大规模的开展准备基础的时代；第三国际接受了第二国际的工作成果，清除了它的机会主义，其历史意义在于，开始实现马克思总结社会主义和工人运动而提出的无产阶级专政的伟大口号，开始了世界历史的新时代。

列宁指出，世界历史始终不渝地走向无产阶级专政，但它所走的远不是平坦笔直的大道。俄国人开始无产阶级革命比较容易，因为俄国的落后，群众的革命冲击力量强大，无产阶级反对资产阶级与农民反对地主的革命独特地结合起来，又经过了1905年革命的"总演习"，它的地理条件能长久地对抗资本主义先进国家的军事优势，产生了苏维埃这样的组织形式，工人与农民的特殊关系易于使资产阶级革命过渡到社会主义革命，但俄国革命获得最终胜利，即完全组织起社会主义社会就比较困难了。

列宁在驳斥考茨基等人的"一般民主"、"纯粹民主"时指出，资产阶级民主共和国中的"自由"，实际上是富人的自由，劳动者可以利用这种自由来准备力量，但不能实际享受民主；苏维埃民主在世界上第一次把民主给了劳动者，给了大多数人，实际上是属于大多数人的政权；谁想把无产阶级专政与资产阶级专政调和统一起来，谁就是对马克思的学说一窍不通。

——《列宁全集》第 36 卷第 289～297 页

《关于无产阶级的文化》

全文约 300 字。列宁写于 1920 年。

1920 年 10 月 5～12 日，全俄无产阶级文化协会在莫斯科召开第一次代表大会。大会在以波格丹诺夫为首的资产阶级知识分子控制下，大肆鼓吹抛弃文化遗产，在空地上创造出纯而又纯的无产阶级文化，同时要求协会完全自治，不受教育人民委员部领导。为此，俄罗斯共产党（布尔什维克）［以下简称俄共（布）］中央于 10 月 9 日和 11 日召开政治局会议，讨论无产阶级文化协会的问题。列宁在决议草案中指出，发表真正的无产阶级文化，必须吸收和改造两千多年来人类思想和文化发展中一切有价值的东西，反对臆造自己的特殊的文化，把自己关在与世隔绝的组织之中。列宁明确强调，无产阶级文化协会的一切组织必须无条件地接受苏维埃政权和俄共（布）的领导。

——《列宁全集》第 39 卷第 331～334 页

《党内危机》

全文约 8800 字。列宁写于 1921 年。

1920 年 11 月，外国武装干涉和国内白卫军叛乱被粉碎，国内战争结束。俄共（布）中央决定改变战争期间工会工作中的军事方法，扩大民主。托洛茨基则反对这样做，提出工会面临"最深刻的内部危机"解决危机的办法，就是要实行"整刷工会"的政策、"把螺母拧紧一下"、实行"工会国家化"。由此挑起了俄共（布）党内关于工会问题的争论。

列宁在这篇文章中，阐述了俄共（布）党内在工会问题上分歧的实质，关于工会问题争论发展的几个阶段，批判了布哈林"缓冲集团"的错误。列宁指出，工会问题争论的实质是，用什么样的方法对待群众。托洛茨基所主张的用行政命令和军事工作方法对待群众会造成党和群众之间的对立。列宁指出，这种分歧的实质是在斗争过程中展开、明朗化和具体化的。

169

列宁将这次工会争论分成以下七个阶段。

第一阶段的争论是在全俄工会第五次代表大会期间（1920年11月2～6日）进行的。托洛茨基提出了对工会的"整刷"，托姆斯基则同他进行激烈的争辩。

第二阶段的争论从1920年11月9日俄共（布）中央全会开始，托洛茨基向这次全会提出了一个提纲初稿，即《工会及其今后的作用》。列宁认为，这个提纲在工会引起的"严重危机"以及新的任务和方法这些词句的掩盖和粉饰下论述了"整刷"政策。

第三阶段的争论，是围绕1920年12月间水运员工同运输工会中央委员会的冲突进行的。

第四阶段的争论，是从1920年12月25日托洛茨基发表《工会的作用和任务》这本带有纲领性的小册子开始的。这本小册子从头到尾都贯穿着"整刷"的精神。列宁认为，"从形式民主的观点来看，托洛茨基无疑是有权发表纲领的，因为12月24日中央准许进行自由辩论。但是从对革命是否适宜的观点来看，这样做就更加扩大了错误，这样做就是根据错误的纲领建立派别组织"。

第五阶段的争论，是在1920年12月底苏维埃第八次代表大会俄共（布）党团会议上全面展开的。列宁得到了季诺维也夫等人的支持，托洛茨基则得到了布哈林等人的支持。12月30日，俄共（布）中央委员、全俄工会中央理事会主席团委员和总书记扬·厄·鲁祖塔克宣读了支持列宁的提纲，得到列宁的赞许。托洛茨基和布哈林激烈地反对鲁祖塔克的提纲。施略普尼柯夫等人领导的"工人反对派"则宣读了具有无政府工团主义倾向的提纲。

第六阶段的争论发生在 1921 年 1 月上旬。这个阶段的争论已从上层领导人物之间的斗争，转到下层组织参与斗争。

第七阶段，工会委员会结束工作，并于 1921 年 1 月 14 日发表了一个纲领，即"俄共第十次代表大会关于工会的作用和任务问题的决议草案"，列宁、季诺维也夫、托姆斯基等 9 名中央委员在这一文件上签名。1921 年 1 月 16 日，《真理报》上发表了有 8 人署名的托洛茨基—布哈林的纲领。列宁认为，托洛茨基—布哈林的纲领是"思想瓦解达到顶点的表现"，"完全背离了共产主义而转到工团主义立场上去了"。

列宁在这篇文章中还号召全党要同官僚主义作斗争，并且指出，"同官僚主义作斗争是一个长期而艰巨的任务"。

——《列宁全集》第 40 卷第 231～243 页

《关于“出版自由”》

全文约 2800 字。列宁写于 1921 年。

这封信是列宁针对俄共（布）党内工人反对派的骨干米雅斯尼柯夫的言行而写的。米雅斯尼柯夫多次在各种场合散布要求给予一切政治派别言论和出版自由的主张。列宁在信中驳斥了他的观点。

列宁指出，出版自由是有阶级性的，在俄国当前面临的形势下，出版自由只会助长敌对势力。列宁承认党的工作存在许多缺点和错误，但强调不能用出版自由，而只能用无产阶级的和党的不断完善自我的方法，去改正这些缺点和错误。

——《列宁全集》第 42 卷第 84～90 页

《论战斗唯物主义的意义》

全文约 1000 字。

该文章是列宁在 1922 年为使无产阶级报纸杂志，彻底坚持马克思主义唯物主义道路而写的一篇文章。

文章批判了当时俄国存在的各种非唯物主义及非马克思的唯物主义等思想，主张"一切多少有些价值的东西翻译出来，或者至少摘要介绍"。发表这篇文章时，正值苏维埃俄国实行新经济政策时期，国内外的资产阶级分子和反动势力企图复辟资本主义，思想领域斗争激烈，唯心主义猖獗。

针对这种状况，文章为战斗唯物主义者规定了如下的任务：①共产党员哲学家必须和一切唯物主义者建立联盟，共同斗争，反对唯心主义，发展唯物主义哲学；②必须进行彻底的无神论宣传，使广大劳动群众摆脱宗教迷信的束缚，为进行共产主义教育创造条件；③哲学家必须同自然科学家结成联盟，从哲学上总结自然科学的新成就，排除唯心主义的干扰；④在概括科学成就和社会实践经验的基础上探讨和发展唯物主义辩证法。文章还指出，要充分发扬 18 世纪唯物主义和无神论的优秀传统，特别要以马克思用唯物主义观点改造黑格尔辩证法为典范，用唯物辩证法来分析当代社会。

这篇文章是无产阶级党性和科学性结合的典范，是发展马克思主义哲学的纲领性文献。

——《列宁全集》第 43 卷第 23～32 页